INTERROGATIONS SUSPENDUES

Traverser la matière, Épouser la sagesse

Cahier n° 2

Syénten

INTERROGATIONS SUSPENDUES

Traverser la matière, Épouser la sagesse

Cahier n° 2

© 2021 Syénten

Édition : BoD – Books on Demand,
12/14 rond-point des Champs-Élysées, 75008 Paris
Impression : BoD - Books on Demand,
Norderstedt, Allemagne

Illustration : ©Pilcox – détail TRAVERSES

Blog : https://syenten.com/

ISBN : 978-2-3223-9486-9
Dépôt légal : septembre 2021

Sommaire

Introduction..11

   Conseils de lecture..15

     ◦ Bivouacs de lumière..20

PARTIE I CONCEPTS..23

   Les symboles..24

   La vacuité...35

   La non-dualité..57

     ◦ Bivouacs 2..65

   La conscience...67

   Qui puis-je bien être ?..79

     ◦ Bivouacs 3..90

   Je sais que je ne sais rien...92

   Le sentiment de soi..105

     ◦ Bivouacs 4..118

   Intelligence, conscience et sagesse.........................120

PARTIE II MATÉRIALISME..141

     ◦ Bivouacs 5..143

Le mirage..145

Les défauts du matérialisme......................................149

◦ Bivouacs 6...172

L'idée d'une transcendance......................................174

PARTIE III LA VIE SOCIALE.....................................187

Croyance et discernement..188

◦ Bivouacs 7...261

La reconnaissance..263

Action et réaction...271

◦ Bivouacs 8...289

Lexique...291

Sources...305

Du même auteur..307

Rappel des thèmes abordés dans le premier cahier

Le karma, l'illusion, les concepts, le moi, la réalité, l'auteur, la société, la liberté, le temps, l'espace, les pensées, la raison, les afflictions, le corps, les phénomènes extérieurs, l'instant…

Introduction

Ce deuxième cahier du triptyque « Interrogations suspendues » suit la perspective du premier : le bien-être durable et la sagesse.

À la différence du précédent qui étudiait l'inefficience des concepts pour connaître la réalité profonde des choses et à fortiori la réalité ultime, le concept intervient ici comme soutien pour approfondir la perception de la réalité jusqu'au ressenti.

Il est nécessaire de s'extirper de la cage aux concepts pour bénéficier d'une expérience intérieure. Les choses sont décrites dans ce cahier en leur donnant une impression de concret lorsque c'est possible. Ce concret qui apparaît habituellement dans un contact avec l'expérience sensorielle, peut également provenir de l'esprit, puisque c'est lui en définitive qui décrète que telle expérience est concrète. À cette fin, les concepts utilisés ne doivent pas être envisagés comme des objets intellectuels mais comme des symboles, c'est-à-dire comme des balises qu'ils permettent l'accès à une expérience intérieure.

Il ne s'agit pas ici d'entrer dans des méditations libératrices mais de développer des réflexions préparatoires dans lesquelles le « moi » est encore présent.

Les questions qui jalonnent ce cahier ne peuvent être résolues par l'esprit dualiste qui reste comme suspendu devant une énigme en impasse.

La première partie de ce livre est consacrée à des concepts qui permettent de mieux cerner ce qu'on appelle la sagesse transcendante.

Une deuxième partie examine les défauts du matérialisme dans un chemin*, et notamment son impossibilité d'accéder à la transcendance.

Une troisième partie traite de la vie quotidienne, et principalement de deux modes d'appréhension de la réalité, le mode « croyance » et le mode « discernement ». L'objectif est de se servir des insalubrités de l'environnement social comme moyen de purification de la conscience, au lieu de les regarder avec à portée de main une valise d'afflictions prêtes à l'emploi.

Parmi les chapitres, il y en a huit de nature non analytique (Bivouacs…) librement inspirés d'un chant de Milarépa.

Les réflexions qui composent ce cahier s'adressent aux personnes en quête de bien-être dans la vie de tous les jours, ainsi qu'à celles qui souhaitent une transformation plus profonde, par la compréhension et la connaissance, capable de conduire à une vie libre d'illusions. Elles préparent également à la pratique méditative.

Les méditations de relaxation ou de thérapie ne donnent pas une idée claire de ce qu'est une méditation libératrice, parce qu'elles ne s'intéressent qu'à la santé et au bien-être à court terme, sans vraiment s'ouvrir à la transformation. Ce cahier permet de combler cette lacune avec quelques fragments chuchotés d'un début de profondeur.

La lecture de ce texte demande une grande honnêteté vis-à-vis de soi-même. Elle gagne à se dérouler dans une atmosphère méditative avec l'oreille de la vigilance et la parole non discursive du silence intérieur.

Comme dans le cahier précédent, celui-ci ne présente aucune nouveauté, sauf erreur, car c'est justement en enlevant ce qui est nouveau en soi qu'on découvre l'origine. S'il s'y trouvait quelque chose de neuf, ce ne serait encore qu'une fabrication qu'on aurait oublié de retirer de l'entrepôt des illusions.

Thèmes abordés :

- Dans la première partie intitulée « Concepts » : les

symboles, la vacuité, la non-dualité, la conscience, « qui puis-je bien être ? », « je sais que je ne sais rien », le sentiment de soi, « l'intelligence, la conscience et la sagesse ».

- Dans la deuxième partie «Matérialisme » : le mirage, les défauts du matérialisme et l'idée d'une transcendance.
- Dans la troisième partie « La vie sociale » : la croyance et le discernement, la reconnaissance, l'action et la réaction.

Explication du sous-titre

La première partie du sous-titre « traverser la matière » s'explique ainsi : Si quelques yogis peuvent véritablement traverser la matière avec leur corps, parce qu'ils ont maîtrisé les éléments, il n'en est pas de même pour la majorité des êtres humains. Ici, la signification reste symbolique, et traverser la matière, c'est aller au-delà de cette matière par la compréhension qu'elle n'a pas de réalité propre. De l'extérieur, la matière se manifeste comme un ensemble de phénomènes plus ou moins inertes, une espèce de support à la vie. Quand on connaît la nature de ces phénomènes, on connaît la matière au sens intérieur du terme, et on peut aller au-delà, dans leur intimité profonde.

Conseils de lecture

Ce chapitre rappelle les indications mentionnées dans le cahier n° 1. Le contenu de cet écrit est un ensemble d'amorces de réflexions inspirées par le bouddhisme. Il n'est pas souhaitable de le considérer comme un enseignement (il existe d'ailleurs toute une littérature authentique sur les voies de connaissance). La meilleure façon de procéder pendant la lecture est de ne rien croire et d'utiliser au maximum son discernement. Le lecteur est invité à se rappeler que ce sont ses propres opinions qu'il doit travailler et non celles de la compilation d'opinions nommée Syénten. Autrement dit, la façon dont on lit ce cahier est bien plus importante que son contenu.

Si un lecteur désirait se forger une opinion par comparaison avec d'autres avis, il lui faudrait connaître l'opinion de milliards d'êtres, et cette méthode n'aboutirait qu'à un point de vue statistique bon à exhumer sur un réseau social ou sur un plateau télé, mais sans intérêt pour soi-même, car totalement fabriqué.

Une approche possible serait de considérer ce texte comme une suite de fragments à traiter en trois étapes :

1. Lecture : la lecture d'un fragment du texte formant un tout. Ce peut être un paragraphe ou tout un chapitre.
2. Pause : une pause silencieuse et paisible.
3. Réflexion : une réflexion sur notre propre opinion

concernant le sujet traité.

Lecture

Nous lisons d'abord le texte en prenant conscience de nos réactions en temps réel. Nos acceptations, nos troubles et nos refus permettent de mieux connaître nos a priori, nos croyances et toutes sortes d'afflictions nuisibles à une écoute authentique et à une compréhension fertile. Il n'y a rien de difficile dans cette manière de faire : on lit de la façon habituelle avec en plus une vigilance vis-à-vis des jugements et des réactions qui peuvent s'élever en nous comme la contrariété, l'accord, le choc, l'ennui, l'impatience, l'incompréhension, etc. Il est impossible de comprendre un texte si notre esprit est à califourchon sur un cheval fantasque. Cette façon de lire permet donc de remonter à la conscience diverses aliénations de notre mental et d'en tenir compte par la suite.

Il serait sans intérêt de se contenter d'accepter ou de refuser ce qui est écrit, c'est-à-dire de lire en mode* croyance.

Pause

Puisque la lecture a pu agiter notre esprit, nous faisons une pause dans un lâcher prise total pour le remettre dans un état paisible, clair et ouvert. On peut imaginer un ciel bleu d'été, sans nuages ni objets volants. À l'issu de cette pause, toutes nos réactions émotives sont retombées, et nous sommes parfaitement à l'écoute de notre intériorité.

Réflexion

Une fois l'esprit reposé, nous traitons le sujet à notre façon sans oublier l'inefficience des concepts pour réaliser la sagesse, et la nécessité de s'engager dans la méditation après cette préparation conceptuelle. Notre lucidité doit être aiguisée.

* * *

Il est important de lire ce texte en mode* discernement. Cette remarque est expliquée maintenant au moyen d'un exemple. Supposons que nous sommes en mode* croyance, et que nous avons une réaction positive à la lecture d'un paragraphe, c'est-à-dire que nous croyons à l'idée qui s'y trouve développée. Mais plus tard, en regardant un enseignement authentique, on s'aperçoit que cette idée est fausse. Nous n'avions rien remarqué pendant notre lecture parce que nous étions en mode croyance, en mode confiance inconditionnelle. Si nous avions été en mode discernement, nous aurions vérifié l'idée intellectuellement puis plus profondément par une technique comme la méditation, et nous aurions eu une appréciation plus juste et plus claire sur la question.

Lorsque nous lisons un texte d'un maître authentique, nous avons tendance, sous la fascination, à rester confortablement en mode croyance, ce qui n'est pas efficace. Le bouddha historique demandait de ne pas croire ce qu'il disait, non que ses paroles étaient fausses, mais il utilisait ce moyen habile pour obliger ses disciples à regarder plus profondément en eux.

Ce cahier est très inconfortable du fait qu'il ne s'agit pas d'un enseignement authentique, et qu'il oblige d'autant plus au discernement. C'est comme si on devait boire un verre susceptible de contenir du poison. Il faut noter que l'auteur ne cherche pas à piéger qui que ce soit, que ses erreurs sont involontaires ou qu'il a pris des risques dépassant l'outrecuidance, et qu'il espère que le discernement empêchera les lecteurs de tomber dans des erreurs qui nuiraient à leur progression vers la liberté intérieure.

✶

Les opinions de ce cahier concernent la recherche de l'ultime et peuvent rendre la vie quotidienne plus légère et plus tranquille, à condition d'être suivies de réflexions personnelles, de méditations ou de périodes de lâcher prise.

Les sources sont indiquées à la fin du cahier. Aucune n'est signalée dans le texte lui-même, ce qui cache au lecteur l'origine de telle idée : la parole d'un maître réalisé ou d'un esprit dualiste. Cet oubli volontaire empêche le lecteur de se vautrer dans le lit douillet du mode croyance*, et l'oblige à utiliser pleinement son discernement.

À la fin du livre, se trouve un lexique qui présente par ordre alphabétique les définitions de quelques éléments de vocabulaire, avec la signification qui leur est attribuée dans ce cahier. En voici la liste :

Chemin, Cheminement, Conditionnements,

Esprit, Expériences métaphoriques
Illusion, Karma
Méditation, Méthodes verticales et horizontales,
Mode croyance et discernement, Moi, Mondain,
Sagesse, Science de l'esprit, Sciences mondaines, Solidification,
Sphère sensorielle et motrice,
Tétralemme, Transcendance,
Vérité, Voiles.

Un mot contenu dans le lexique est suivi d'un astérisque (*) les premières fois qu'il apparaît dans le texte.

○ Bivouacs de lumière

Les murs de l'enclos mondain
Sont traversés par la lumière
De la confiance et de la force...
Les murs de l'enclos mondain
Sont devenus grande transparence…

Vois l'ouvrier qui polit
Le miroir de son esprit
Pour observer le ciel...
Ainsi tout devient clair
Peu à peu, en patience
Les voiles se retirent…

Observer un ciel sans nuages
Dans le creux béant de l'esprit…

Se poser dans la solitude
De ces lieux déserts
Où vécurent ceux qui
Transformèrent leur esprit
Avec persévérance et sans souci...
C'était au milieu des montagnes
Dans des abris précaires...

Dans les villes d'aujourd'hui
S'ouvrent des refuges cachés
Loin des agitations délétères...
Là nous pouvons observer
La nature de l'esprit et ses lois
Comme le firent d'autres avant nous
En écoutant les mots du sage...

INTERROGATIONS SUSPENDUES — CAHIER N°2

PARTIE I

CONCEPTS

Cette partie présente quelques concepts de base utiles à la compréhension de la suite du cahier. Ils complètent ceux qui ont été exposés dans le cahier n° 1.

Les symboles

Collection d'opinions que le lecteur remplacera avantageusement par les siennes

Ce chapitre présente une définition du symbole propre à ce cahier.

Qu'est-ce qu'un symbole ?

Wikipedia raconte ceci : « Le mot « symbole » est issu du grec ancien *sumbolon* (σύμβολον), qui dérive du verbe συμβάλλεσθαι (*sumballesthaï*) (de syn-, avec, et -ballein, jeter) signifiant « mettre ensemble », « apporter son écot », « comparer ».

Dans ce cahier, les concepts (*Cf. cahier n°1*) sont considérés comme des pensées organisées et complexes. Certains d'entre eux proviennent d'objets perçus, d'autres sont liés au sujet, c'est-à-dire à l'esprit lui-même, d'autres encore sont des abstractions purement intellectuelles reliées à divers autres concepts, et d'autres sont mixtes c'est-à-dire qu'ils se composent des trois catégories précédentes. On peut même considérer que tous les concepts sont mixtes, avec une dominante dans l'une des catégories précédemment citées.

Le mot « symbole » est utilisé avec diverses significations. Dans les voies spirituelles, il joue un rôle particulier très important, et il est utile de le comparer avec ce qu'on appelle un concept.

Le symbole est un nom associé à une expérience spirituelle intérieure profonde. L'étiquette, le nom, que l'on colle sur ce type d'expérience en embrasse certains aspects et permet d'y accéder.

La différence entre un concept et un symbole spirituel est que le premier demeure sur le plan horizontal, tandis que le second fait partie d'un chemin vertical. Chez les personnes où le symbole n'est associé à aucune expérience intérieure, il régresse à l'état de concept et perd son intérêt pour la réalisation spirituelle.

En dehors des symboles spirituels, il existe de nombreux symboles mondains qui peuvent être des étiquettes métaphoriques ou non dotées d'une certaine résonance collective. Ces symboles mondains impliquent parfois un aspect affectif de la personne, mais ne ramènent jamais à une expérience intérieure profonde.

Les symboles peuvent être représentés par des images, des sculptures, etc. Dans le cas d'une image, le symbole est l'ensemble de l'image et de la représentation intérieure que l'image permet de ramener à la conscience de la même manière que le nom.

Le symbole maçonnique de l'équerre par ex. renvoie à une expérience intérieure acquise par le travail du tailleur de pierres avec l'équerre. Ce symbole comporte ici un volet extérieur puisqu'il s'agit d'une initiation d'artisan, mais il en existe également de plus profonds utilisés à partir d'une expérience purement intérieure, comme par exemple la « vacuité » dans le bouddhisme.

S'agissant d'un travail intérieur, on ne dit pas « réfléchir à un symbole » mais « méditer sur un symbole » ou « méditer un symbole ».

Dans la spiritualité, la plupart des concepts sont en réalité des symboles, car ils représentent des vérités expérimentées dans la vie intérieure, inaccessibles à la pensée discursive.

Méditer sur un symbole

Il semble y avoir beaucoup de façons de méditer sur un symbole. Un jour, on a demandé à l'auteur encore enfant de méditer, sans autres explications. Ensuite, il a compris que le demandeur en ignorait le sens. Il existe certainement une multitude de personnes qui ont tenté cette pratique sans comprendre vraiment de quoi il s'agissait. Comment exprimer ce qui est au-delà des concepts ? La méditation a tellement de sens, dont certains dévoyés, qu'il en résulte une extrême confusion. Pour s'en sortir, l'unique solution consiste à méditer suivant des méthodes spirituelles authentiques.

Méditer, ce n'est pas rêver, car dans le rêve on passe d'une image à une autre, comme cela se produit dans des moments de distraction. Or dans la méditation, il y a beaucoup d'attention. Le symbole n'est certainement pas vu comme une image enfouie dans la pénombre d'un rêve.

La méditation sur un symbole a pour but de transformer le

méditant sur un point particulier suscité par le symbole.
Les paragraphes suivants développent quelques amorces de compréhension de la méditation sur un symbole.

Méditation sur un symbole

Un symbole est un nom associé à une expérience intérieure. Le symbole que l'on médite est comme la main qui tient la torche, tandis que la conscience en est la lumière. L'expérience à laquelle le symbole est rattaché s'effectue grâce à certaines facultés mentales ; il n'y a rien à voir, et pourtant cette expérience dans le non visible transforme la conscience. La conscience est comme posée dans la matrice proposée par le symbole.

Effet des expériences répétées

Dans cette vue, c'est de notre expérience qu'il s'agit, nous l'avons maintes fois répétée, et à chaque répétition, la matrice devient plus stable, la lumière plus assurée.

Participation d'un être éveillé

À présent, nous considérons le cas où notre esprit est uni à celui d'un être éveillé. Une hypothèse parmi d'autres consiste à penser que celui-ci a réalisé le symbole avant nous et ce faisant a construit la matrice. Notre conscience, par son union à l'esprit de cet être, accède alors également à cette matrice. Nous retrouvons les conditions de son expérience. En conclusion, quand nous sommes unis à un être éveillé, notre expérience s'effectue beaucoup plus facilement et sans erreur. Le symbole utilisé n'est pas indifférent, il est en relation avec l'activité développée par des êtres éveillés sur leur chemin*.

Dans cet aspect, l'être éveillé est semblable au grimpeur qui escalade pour la première fois un versant et laisse des points d'ancrage que d'autres pourront utiliser.

Un maître éveillé enseigne avec des mots, mais aussi silencieusement, par sa présence. La matrice mentionnée précédemment est une métaphore de cet enseignement silencieux.

Composition symbolique

Le paragraphe précédent montrait l'avantage de l'union à un être éveillé, mais négligeait la façon dont elle se réalise. Il arrive que l'on utilise une composition symbolique pour représenter un être éveillé, dans ses qualités transcendantes. Cette composition est constituée de multiples symboles. Par exemple elle représente un personnage en deux ou trois dimensions qui porte des objets symboliques représentant des qualités transcendantes. Son corps est symbolique. On peut d'abord analyser conceptuellement ces objets symboliques, voir les qualités qu'ils représentent. On mémorise ces qualités, de sorte que leur signification devienne spontanée. On n'a alors plus besoin de donner un nom à l'image, celle-ci renvoie directement à une qualité. Ensuite, lorsqu'on se concentre sur le personnage symbolique, toutes les qualités sont ressenties simultanément, le mode de pensée discursif n'est plus nécessaire. En les ressentant de manière correcte, on s'unit aux qualités de l'être représenté par le personnage symbolique. On s'unit à son esprit, et on acquiert ainsi des qualités authentiques au lieu des amorces de qualités que nous avions fabriquées dans la première phase de la méditation. Cette pratique demande de longs moments de concentration.

Les qualités transcendantes n'appartiennent pas à l'esprit dualiste mais à la sagesse dont elles sont des aspects.

Transmission de l'influence spirituelle

S'unir à l'esprit du maître pourrait être facile en sa présence, même si dans la réalité le disciple doit être doté de certaines capacités et d'une qualité d'ouverture extraordinaire. Le problème est que le maître n'est pas auprès de nous physiquement. Son enseignement conceptuel peut être transmis oralement ou par écrit, mais il existe également un enseignement transmis silencieusement, par sa seule présence. On appelle influence spirituelle l'actuation de cette présence chez un être réceptacle. L'influence spirituelle se transmet d'un maître à son disciple qui deviendra ensuite lui-même le transmetteur de l'influence spirituelle à son disciple, et ainsi de suite sans coupure. Une lignée est une chaîne ininterrompue de transmission de maître à disciple. Ainsi peut-on s'unir à l'esprit d'un maître. On parle parfois d'ésotérisme lorsque la transmission de maître à disciple est silencieuse, mais ce mot est source de nombreuses confusions.

L'autre côté du symbole

Imaginons que nous méditons sur un symbole. Nous vivons une expérience intérieure liée à celui-ci. Nous avons peut-être commencé par réfléchir sur ce symbole, par lui trouver des qualités conceptuelles, puis nous sommes restés silencieux. Cette expérience nous éclaire.

On peut se demander quelle est la source de cet éclairage, savoir en premier lieu s'il vient de l'intérieur ou de l'extérieur de notre esprit. Lorsque nous méditons sur un symbole, il n'y a rien qui soit en dehors de l'esprit, nous pouvons donc considérer que l'éclairage vient de l'intérieur.

L'esprit est très vaste. Il contient tous les univers, tous les êtres ordinaires et éveillés... La méditation sur le symbole va nous mener dans une intelligence particulière de l'esprit, propre au symbole. C'est cette lumière ciblée qui est une condition de l'efficacité de la méditation symbolique. Nous « verrons » donc plus profondément à l'aide de cette matrice d'intelligence.

Il y a autant de méditations symboliques que de symboles, et ces méditations diffèrent suivant les traditions. Un symbole est considéré comme efficace pour un méditant s'il reçoit une bénédiction, mot qui désigne une transformation réelle de l'esprit. Il s'agit le plus souvent de transformations partielles, ce qui oblige à reprendre souvent sa méditation. La méditation sur la vacuité par exemple demande beaucoup de temps pour aboutir à la libération de la souffrance.

Il y a donc une grande quantité de symbolismes (spirituels).

Certains sont liés à la connaissance, comme la vacuité. D'autres recherchent l'union avec la réalisation d'un être éveillé, pour avancer vers sa propre réalisation, comme dans le cas des méditations sur des déités, symboles de qualités transcendantes. La méditation sur les déités va permettre d'unir l'esprit du méditant aux qualités d'un esprit éveillé.

Il y a bien d'autres types de symboles. Chacun peut essayer d'y comprendre quelque chose par lui même. La plupart du temps, on ne sait pas vraiment pourquoi cela fonctionne, mais cela fonctionne, c'est un fait, et c'est le but recherché. Les limitations de l'esprit dualiste ne permettent d'appréhender qu'un petit début conceptuel d'une activité qui ne l'est pas.

Exemples de symboles

Croyance et foi

Pour distinguer entre un concept et un symbole à partir d'exemples, on va examiner la différence entre la croyance et la foi, sans oublier que la variété des sens attribués à ce dernier terme est porteuse de confusion. La croyance est conceptuelle, il s'agit d'une certitude à propos d'un concept (la croyance en un dieu par exemple). On croit en quelque chose, en quelqu'un, en une vérité, en un idéal, etc. Par contre, la foi n'a pas d'objet, elle n'appartient pas au système conceptuel mais est reliée à une expérience intérieure, parfois une réalisation. Dans la foi, c'est l'expérience intérieure qui dicte la certitude. On peut aussi considérer que c'est l'expérience intérieure qui se manifeste avec une qualité de certitude, ou bien encore que l'expérience intérieure est la certitude. Il n'y a aucun expérimentateur qui soit le sujet de cette certitude, mais l'expérience elle-même est certitude. Ceci oblige l'expérimentateur de s'effacer dans la non-dualité de l'étage supérieur. Aussi lorsqu'une personne déclare « j'ai la foi », elle triche un peu, car elle disparaît (en tant que sujet) au moment où la foi s'élève ; ce n'est donc pas elle qui a la foi.

Si la foi est certitude, c'est parce qu'elle est connaissance en soi, tandis que la croyance ne s'applique qu'à la dualité. Lorsque nous sommes plongés dans l'eau, nous avons la certitude d'être plongés dans l'eau, il n'y a pas besoin d'arguments pour valider cette certitude. L'eau elle-même se passe d'arguments pour être de l'eau. Il en est de même de la foi.

Le travail intérieur est stérile lorsque le pratiquant est en mode croyance, il est beaucoup plus fertile avec l'expérience de la foi. En mode croyance, la tendance est à fabriquer ce que dicte un idéal, tandis qu'en mode foi, cette tendance n'existe plus, puisque tout est là. La foi peut se transformer en une réalisation spirituelle libératrice, et non la croyance.

Le symbole de la vacuité

Le symbole de la vacuité du bouddhisme est un nom donné à l'absence de nature propre. Dire qu'un phénomène est vacuité, c'est dire qu'il n'existe pas en dehors de ses dépendances, qu'il n'est pas autonome, qu'il n'est pas substantiel. On médite donc sur la vacuité, parce que c'est dans l'intériorité que l'on peut observer et reconnaître cette vérité, laquelle n'est pas visible par la perception extérieure. Une fois la vacuité réalisée, le symbole est abandonné pour éviter entre autres l'existence d'une dualité subtile entre l'expérimentateur de la vacuité d'une part et le concept de vacuité d'autre part.

Le symbole de l'ouverture, de la compassion

Il est possible d'utiliser un concept à la façon d'un symbole en l'intériorisant. Au lieu de voyager dans les dépendances conceptuelles de ce concept, on l'expérimente dans l'intériorité, au-delà des pensées, des émotions et des images.

L'ouverture (du cœur), par exemple, se réalise dans l'espace intérieur en lâchant prise sur le mental. Il en est de même pour la compassion, au sens bouddhique du terme, c'est-à-dire indépendante du soi (désintéressée) et universelle (s'adressant à tous les êtres de tous les mondes, qu'ils soient amis, ennemis ou indifférents).

Notes sur les symboles

Symboles universels

Certains symboles sont considérés comme universels, c'est-à-dire qu'ils sont efficients pour la totalité des êtres humains. Ce qualificatif peut aussi indiquer que l'interprétation du symbole est la même pour tout le monde, ou qu'il existe des interprétations pour ce même symbole dans de multiples cultures, l'aspect universel s'appliquant au contenant et non au contenu. En général, les symboles sont liés à une culture ou à une tradition spirituelle. Ils sont des aides sur un chemin particulier, qu'il est préférable de ne pas mixer avec des symboles d'autres traditions.

Ce que n'est pas un symbole spirituel

Les symboles utilisés dans le théâtre mondain sont en fait des concepts qui drainent tout un réseau de pensées et d'émotions, sans jamais aller jusqu'à l'intériorité pure. On peut prendre l'exemple du symbole du « drapeau ». À l'origine, il y a bien un objet drapeau, en général une pièce d'étoffe. Il peut ensuite représenter un groupe, une nation, un parti, etc. Des concepts peuvent lui être associés, comme l'état, une communauté économique, sociale, etc. Des émotions perturbatrices peuvent être également attachées au symbole, comme l'orgueil, la fierté, le mépris des autres, mais rien de l'intériorité qui permettrait une quelconque réalisation spirituelle. Ce n'est d'ailleurs pas le but.

La vacuité

Collection d'opinions que le lecteur remplacera avantageusement par les siennes

Ce chapitre présente les défauts de la croyance en la réalité des choses (substantialité et permanence) dans un chemin*, et l'avantage d'examiner la richesse de la notion de vacuité.

Les sujets suivants sont abordés :
- Vue dualiste
- Enquête
- Vacuité et sagesse
- Définition de la vacuité
- Nécessité de méditer
- Vacuité et méditation
- Vacuité et analyse conceptuelle
- Vacuité et interdépendance
- Exemple de la table
- Métaphores des aspects de la vacuité
- Semblable au rêve
- Effets de l'examen du concept de vacuité

Vue dualiste

Dans la vue mondaine contaminée par le dualisme, les tendances et les afflictions, tout ce que nous voyons est considéré comme existant : la nature avec sa végétation, les êtres sensibles, les productions humaines telles que les maisons, les entrepôts, etc. Tout ce que l'on peut toucher, voir, entendre, sentir ou goûter est jugé existant.

L'espace et le temps semblent exister aussi, au moins pour des raisons pratiques : l'espace est le contenant indispensable à la présence de la matière, et le temps est un sous-entendu commode pour expliquer le changement.

De ce fait, exister signifie principalement apparaître à nos sens. Les éléments comme le vide, l'espace, le temps existent indirectement, par inférence à partir de ce qui existe directement.

Certaines choses existent temporairement à l'intérieur de notre esprit : les pensées, les émotions, les ressentis, les images. Bien qu'elles ne bénéficient pas de la participation des sens, leur existence est acceptée par l'ensemble des êtres humains.

Enquête

L'enquête qui suit (Vacuité et... à Semblable au rêve) consiste en une étude du concept de vacuité dans une perspective de bien-être et de sagesse. L'objectif est de pouvoir vivre au milieu des apparences dans la vie quotidienne sans les saisir de manière égotique, pour éviter les conséquences karmiques*.

Voici précisé le sens de certains termes utilisés dans ce chapitre :

- La substance est ce qui est permanent et qui possède une existence propre.

- L'essence d'un phénomène est ce qu'il est à l'état pur. On l'identifie parfois au terme « nature ». Lorsqu'on cherche l'être d'un phénomène on aboutit à l'essence, et si on interroge sa constitution on aboutit à la nature.
- La matérialité est ce qui paraît consistant pour la perception sensorielle, ce qui semble avoir un volume, une profondeur.

Vacuité et sagesse

La notion de vacuité est fondamentale dans le bouddhisme du grand véhicule qui utilise la méditation sur la vacuité des phénomènes et du soi pour se libérer des voiles*. La méditation sur la vacuité du soi libère des voiles émotionnels et celle qui porte sur la vacuité des phénomènes affranchit des voiles cognitifs.

La vacuité d'un phénomène exprime le fait qu'il n'a pas de nature propre et qu'il n'apparaît qu'en dépendance de causes et de conditions. Ce sont des conditions, c'est-à-dire la présence de certains autres phénomènes, qui déterminent son apparition. Ce concept est complémentaire de celui de « phénomène en totale dépendance ». Faussement considérée comme un synonyme de vide, la vacuité n'est qu'une absence d'existence propre, de nature propre, d'essence, mais elle n'est pas vide de clarté ou de présence par exemple.

Comment la méditation sur la vacuité peut-elle libérer des voiles* émotionnels et cognitifs ? Reconnaître qu'un phénomène n'a pas d'existence propre, c'est empêcher de le saisir, car on ne peut saisir le vide. Ne saisissant pas, ne s'appropriant pas, on ne génère pas d'empreinte karmique dans le continuum de conscience, on devient libre de karma* et d'afflictions. Ces dernières, en effet, sont des réactions émotionnelles qui ont lieu suite au « contact sensation » d'un phénomène. Par exemple, lorsqu'on nous insulte, il y a contact auditif avec l'insulte, sensation désagréable et réaction par la colère, le mépris ou la peur. Sans réaction (saisie) à la sensation désagréable résultant de l'insulte, on resterait calme.

Définition de la vacuité

La notion de vacuité utilisée dans le chemin* bouddhique a une définition précise, c'est l'absence d'existence propre. Un phénomène est vacuité s'il n'existe pas par lui-même, s'il a besoin de la présence d'autres phénomènes pour apparaître. Par exemple la notion de père n'existe que s'il a au moins un enfant. En absence de progéniture, il n'est pas un père. La notion de père est donc vacuité. Dans cet exemple, la vacuité est facile à découvrir, puisque le concept de père est l'un des termes de la relation « père enfants ».

Tous les phénomènes sont vacuité. En effet, ils sont impermanents (à part quelques exceptions comme l'espace) : ils apparaissent à un certain moment, se maintiennent pendant une durée qui peut être très longue à l'échelle humaine, puis disparaissent.

On essaie maintenant de savoir s'ils ont une existence propre... Le fait qu'il leur arrive de disparaître et de réapparaître pose un problème que l'on envisage ici selon deux hypothèses :

soit ils se cachent puis ils reviennent, soit ils ne sont que des apparitions (c'est-à-dire qu'ils sont vacuité). Dans le premier cas ils possèdent une substance, et non dans le second.

Pour trouver la solution, il faut passer par l'intériorité. On pose l'attention sur un phénomène, et on observe sa façon d'arriver, de demeurer, de s'en aller... Après de longues observations, on aboutit à la certitude que sa nature est vide, qu'il est vacuité.

Hypothèse d'absence d'existence propre des phénomènes

Nous faisons l'hypothèse qu'aucun phénomène n'a d'existence propre : une chaise, la mer, un nuage, une profession, une couleur, nous, etc. Absolument rien dans la manifestation n'a d'existence propre. Même s'il paraît solide, le monde ressemble plutôt à un bouquet d'apparitions impermanentes, une danse fantomatique. Même le « moi » est vacuité. Ce que nous croyons être n'existe pas en lui-même. Ce « moi » dépend d'un certain nombre de conditions intérieures et extérieures. Il vient et il disparaît au rythme des pensées et des événements. Il est à la fois un concept et une croyance. Personne ne l'a jamais vu, et pourtant il arrive qu'on se batte et s'entre-tue pour lui. C'est donc d'une illusion à fort pouvoir « hypnotique ».

Enquête en rapport avec cette hypothèse

Supposons qu'un phénomène ne soit pas vacuité mais une substance qui se cache et apparaît de temps en temps, sous certaines conditions. Dans le monde grossier, le soleil se cache à la perception pendant la nuit, et pourtant on sait qu'il brille encore sous d'autres longitudes. Ceci se passerait d'une façon similaire pour tous les phénomènes. La méditation doit donc être assez fine pour détecter la présence ou l'absence de substance.

Par contre, un arc-en-ciel est une illustration manifeste de phénomène dont la nature est vacuité. En effet, tout le monde s'accorde à considérer qu'il n'est qu'un phénomène optique éphémère dont l'apparition est due à certains facteurs météorologiques. Ainsi, on ne pense pas de manière générale qu'il se cache quelque part avant de réapparaître.

En résumé, pour régler l'alternative « vacuité ou substance », il faut examiner si un phénomène se comporte selon la métaphore du soleil ou celle de l'arc-en-ciel.

Exemple du paysage

Nous regardons un paysage. Dans le ciel apparaît un arc-en-ciel, et en dessous il y a des collines terreuses, des champs colorés et des bois, des animaux, quelques êtres humains qui travaillent dans les champs... Intuitivement nous allons associer l'arc-en-ciel à la vacuité et les collines, champs, etc. à des phénomènes substantiels. Dans le ciel l'immatérialité, et en-dessous la matière.

Maintenant, si nous observons la même scène dans notre imaginaire, nous voyons en haut l'image de l'arc-en-ciel et en bas l'image des collines, et il est plus difficile de considérer ces collines imaginaires comme substantielles, de penser par exemple qu'elles sont cachées dans un coin de notre mémoire. En effet l'image de la colline n'a pas de dimension, dans le sens qu'on ne peut pas la mesurer à l'intérieur du mental. Elle n'est ni petite ni grande. On peut estimer que l'image est fabriquée à partir de processus mémorisés, mais l'image elle-même n'a pas plus d'existence propre qu'un personnage sur un écran de cinéma. En effet ce personnage n'apparaît qu'en dépendance d'une pellicule, d'un projecteur, d'un écran, d'un spectateur. Si le film est projeté dans différentes salles, les apparitions du personnages sont multipliées. Lequel est le vrai personnage ? Aucun.

En résumé, il semble plus facile d'admettre la vacuité du paysage lorsqu'il est perçu dans notre imaginaire.

Obstacle dû au sentiment de matérialité

Nous sommes plus enclins à croire en la vacuité des phénomènes mentaux qu'en celle des phénomènes perçus par les sens, car ces derniers leur confèrent une matérialité, une substance. Or la matière n'est pas faite de substances (permanentes et autonomes), comme le montre la physique contemporaine, ainsi que d'autres méthodes plus anciennes basées sur le raisonnement. La croyance en la substantialité de la matière crée un obstacle à l'hypothèse : « un phénomène n'a pas d'existence propre, il est vacuité ».

Un physicien quantique, malgré son point de vue scientifique de la matière, aura dans sa vie quotidienne le même ressenti substantiel de celle-ci qu'un non spécialiste, parce qu'il n'a pas réalisé intimement le point de vue de sa science, cette réalisation étant impossible pour un esprit dualiste.

Expérience de non matérialité

Nous allons essayer de se faire une idée de la « non matérialité » grâce à une expérience, afin d'associer un ressenti à ce concept et d'éviter de le laisser paître dans les tourbières purement intellectuelles. En effet, la « non matérialité » pourrait être considérée seulement comme ce qui n'est pas matériel et ramener seulement au terme « matérialité » auquel on a affecté une opération de négation. On penserait au sens du mot « matériel », puis on y adjoindrait un « non ». Nous voyons bien qu'une telle considération qui stagne dans le cadre intellectuel, est stérile pour la réalisation de la sagesse non duelle.

Observons un objet en face de nous, par exemple une agrafeuse. Continuons à l'observer sans se laisser perturber par des pensées, des images et des émotions. Si l'on manquait de vigilance, on pourrait en effet être tenté de penser à la fonction du petit appareil, à son état, on pourrait se souvenir qu'il est temps d'acheter des agrafes, etc. Rien de cela dans cette expérience. Observons simplement l'objet, paisiblement, sans appuyer le regard. Laissons les choses se faire par elles-mêmes. Lorsque nous restons ainsi pendant un certain temps, l'objet paraît moins matériel. Posons-nous alors la question : « L'objet est-il vacuité ou substance ? ». Il ne faut pas répondre avec des mots, c'est l'observation elle-même qui doit constituer la réponse. Nous demeurons ainsi aussi longtemps que cette posture nous est agréable.

Il s'agit d'une expérience* métaphorique permettant d'avoir un ressenti de non matérialité sur un objet dont on est sûr de la matérialité. Elle ne conduit à aucune réalisation de la non matérialité des phénomènes.

Obstacle dû à la croyance en l'extérieur

On serait tenté d'admettre que les phénomènes extérieurs sont « substance » et les phénomènes intérieurs « vacuité », même si les premiers n'ont aucune réalité substantielle, comme il a été indiqué précédemment. C'est qu'il existe un autre obstacle à la perception pure des choses : la croyance en la dualité « intérieur / extérieur ».

Il y a dans cette croyance un a priori à trouver l'extérieur substantiel et l'intérieur non substantiel. L'observateur, le « moi », est vide. On ne le trouve nulle part en regardant en soi. Par contre, ce qui provient de la perception sensorielle semble plein. D'où cette dissymétrie entre l'intérieur et l'extérieur qui affecte à l'un l'immatérialité et à l'autre la matérialité. Il est nécessaire de se libérer de cette croyance pour perdre ce préjugé nuisible à la compréhension de la vacuité des phénomènes.

Expérience de non extériorité

Nous allons expérimenter l'idée de non extériorité. Cette, expérience s'effectue naturellement en méditation, mais ici, en dehors de la pratique, nous allons essayer d'entrer le plus possible dans cette « non extériorité ». Regardons un paysage par la fenêtre, par exemple. Observons-le tranquillement sans le commenter. Nous restons silencieux et accueillants. Quand l'esprit est devenu paisible, imaginons que ce paysage n'est plus extérieur à nous mais qu'il est en nous. Pour y arriver, il n'y a rien à faire, sinon lâcher prise, diminuer l'effort, réduire la conscience de soi, celle qui murmure tacitement « j'observe »... Nous lâchons prise. Nous ne sommes plus dans notre corps mais le corps est en nous. Le corps et le paysage sont en nous. Nous contenons à la fois le corps et le paysage. Cessons tout commentaire. Les choses se font d'elles-mêmes, naturellement. Continuons de lâcher prise...

Maintenant, on se pose une question sans tenter d'y répondre par des mots. La réponse consiste seulement à observer. Voici la question : « Le paysage est-il vacuité ou substance ? » Nous demeurons ainsi aussi longtemps que cette posture nous est agréable.

Cette expérience* métaphorique permet d'avoir un ressenti de la non extériorité, mais il ne s'agit pas de réalisation.

La vacuité du moi

Pour réaliser la sagesse, il faut accéder à la réalité profonde de la vacuité des phénomènes, réaliser leur absence d'existence propre, ce qui revient à dire qu'ils n'existent qu'en présence d'autres phénomènes, lesquels constituent les conditions de leur existence. Parmi tous les phénomènes, il en existe un dont il faut absolument réaliser la vacuité, c'est le « moi », ou « soi », ou « ego ».

Il semble évident que si les « phénomènes autres que soi » n'ont pas d'existence propre, leur observateur le « moi », n'existe pas non plus en lui-même, car l'observateur et le phénomène observé forment un couple indissociable. Si un élément du couple disparaît, l'autre aussi (Le fait que l'observateur et l'objet observé forment une paire inséparable a été examiné dans le cahier n°1). Ce qu'on appelle ici observateur, c'est la conscience temporaire qui dure le temps de l'observation.

Expérience sur la vacuité du moi

Pour obtenir un aperçu de la vacuité du moi de manière concrète sans passer par la méditation, on peut essayer l'expérience suivante :

On observe pendant quelques instants un objet devant soi, par exemple une tasse. On prend son temps, on se concentre rigoureusement sur cet objet sans se laisser perturber. Ensuite, on observe de la même manière un autre objet, par exemple un stylo. On effectue également cette opération sans se presser. Quand les deux observations sont terminées, on se pose la question : « Celui qui observait la tasse est-il le même que celui qui observait le stylo ? » Il se peut que l'on pense : « Oui, dans les deux cas c'est bien moi ». Mais ce ne serait pas tout à fait honnête, car on est en train de comparer deux souvenirs et pour se faire, on est sorti de la réalité présente. En toute honnêteté, on devrait dire « je ne sais pas », car ni l'observation de la tasse ni celle du stylo ne sont présentes à l'instant de la question. Il y a un soi qui observe la tasse, un autre soi qui observe le stylo, un autre encore qui pose la question. Seulement on se laisse piéger par la mémoire et la croyance en la permanence du « soi ».

La mémoire permet de générer dans notre esprit la présence d'un phénomène qui n'est pas actuel : un phénomène du passé. En aucun cas elle ne le rend réel (au sens mondain de la réalité) car ce phénomène passé est issu de notre imaginaire et non d'un ressenti sensoriel actuel...

À présent, on observe de nouveau la tasse, de cette manière tranquille dont on a maintenant l'habitude, on l'observe assez longtemps pour que la notion de perspective disparaît. Est-il absurde, par rapport à notre façon d'observer, de penser : « Je suis la tasse », et ensuite lors de l'observation du stylo de penser : « Je suis le stylo ». En effet notre conscience est entièrement dans la tasse puis entièrement dans le stylo... Cette expérience permet seulement de diriger l'intuition. On peut se poser d'autres questions du genre : « Si je suis la tasse, puis-je être en même temps le stylo ? »

Normalement, on voit la tasse et le stylo comme des objets. C'est un raccourci de dire je suis la tasse puis je suis le stylo. « Je suis la tasse » signifie que ma conscience est entièrement dans le ressenti de la tasse. Dualité plus subtile, mais encore dualité. Le ressenti est une sensation mentale intérieure qui ne vient pas du système sensoriel, lequel est destiné aux phénomènes extérieurs. Quand le ressentant s'unit au ressenti, il n'y a plus que l'expérience, la conscience devient expérience, il y a l'expérience « stylo » et l'expérience « tasse ».

Ceci n'était qu'un petit exercice conçu pour assister l'intuition que notre « moi » n'a pas d'existence propre. La réalisation de la vacuité du moi permet de se libérer des voiles émotionnels (saisie du moi, orgueil, jalousie, colère, etc.). Dire que le « moi » est vacuité, c'est affirmer qu'il n'existe qu'en dépendance d'autres phénomènes et seulement dans l'esprit dualiste.

Nécessité de méditer

La vacuité indique la façon dont les phénomènes (les choses) existent vraiment. Cette façon de considérer les phénomènes est importante puisqu'elle permet la libération des illusions productrices de souffrance. Une simple compréhension intellectuelle ne suffit pas, il est nécessaire de mettre en œuvre des méditations* libératrices pour installer cette vue des choses dans les profondeurs de l'être, ce qui lui permet de devenir opérante sans effort, c'est-à-dire naturellement, au niveau du dualisme quotidien. Tandis que la compréhension intellectuelle implique la présence d'un « moi », les méditations libératrices s'effectuent à l'abri d'un sujet pensant.

Les méditations sur la vacuité sont pratiquées avec un discernement particulier, hors ego, capable de reconnaître la vacuité des phénomènes et du soi. Elles exigent de pouvoir demeurer dans un état non perturbé par les pensées et les émotions pendant un temps assez long, ce qui devient naturel après un entraînement. Le discernement particulier, appelé ici discernement libérateur, est une faculté existant dans l'esprit de tous les êtres humains, qui demande à être développée par la méditation.

Vacuité et méditation

La méditation est une observation effectuée à l'aide de l'œil intérieur, de l'œil de l'esprit, dépendant de la volonté et donc lié au « moi ». Méditer à l'abri du moi, de l'ego, demande des qualités de patience et de lâcher prise. Quand elles sont mises en œuvre, l'observateur intérieur disparaît avec l'objet de l'observation, ne laissant que l'expérience elle-même. En prenant l'exemple d'une pensée, c'est le penseur et la pensée qui disparaissent en même temps ; seule demeure une essence vide.

Dans ce genre de méditation, on considère l'esprit pensant, l'esprit mobile, les vagues qui se forment à la surface de l'esprit. On observe les pensées à la façon d'un mouvement de vagues à la surface de l'océan. Par contre, le contenu des pensées, leur sens, n'est pas pris en compte. On ne se préoccupe donc que du contenant, délaissant le contenu, lequel n'est pas à l'abri d'une saisie pouvant aboutir à la génération d'empreintes karmiques. Ce contenu ne peut que nous embarrasser, puisque nous voulons nous libérer de la création d'empreintes.

Si nous prenons l'exemple de la pensée « chaise », nous ne commentons pas l'image de la chaise, nous ne décrivons pas sa forme ni sa couleur, nous n'analysons pas sa fonction et nous n'entrons pas dans le scénario des souvenirs qu'elle peut faire surgir à la surface de notre conscience. Nous l'observons comme phénomène : le ressenti d'un mouvement qui apparaît puis disparaît dans l'espace mental.

Nous allons donc à la racine du phénomène, la simple turbulence à laquelle se superposent des formes, des souvenirs, des scénarios des projets, parfois des émotions. Sans ce mouvement, il n'y aurait pas de forme, et nous n'aurions rien à saisir pour construire des scénarios, pour retrouver des émotions, etc. Tout se passe comme si la réalisation de la nature du phénomène mettait à l'abri des émotions, et plus généralement de l'intervention du karma* avec la création d'empreintes karmiques et l'asservissement au devenir qui les accompagne.

Le phénomène est vide en essence. On ne peut lui trouver de substance. Et bien qu'il soit vide, il apparaît. Nous venons d'examiner le cas d'une pensée, mais la chose est identique pour les objets mentaux en provenance du système sensoriel, de même nature que les pensées.

La vacuité est la réalité d'une chose, qui est une apparence sans substance, une apparence vide de nature propre, ou dont l'essence est vide, ou encore sans essence. Par rapport à l'esprit dualiste qui voit les choses comme des formes substantielles, la méditation et déjà même l'analyse approfondie, n'y observent que des apparences non substantielles, qui n'existent pas par elles-mêmes. Un esprit dualiste sera tenté de saisir un phénomène, tandis qu'un esprit purifié par la connaissance n'aura pas ce réflexe, car son être profond a réalisé que le phénomène est vide, qu'en le saisissant il ne ferait que saisir de l'espace.

La saisie n'est donc qu'une illusion, mais celle-ci est lourde de conséquences karmiques. C'est cette erreur qui nous maintient dans le cycle des existences conditionnées.

Le mot « saisie » se réfère ici à la saisie mentale, et non à la saisie matérielle. On peut par exemple saisir un objet, sans pour autant le saisir mentalement, penser qu'il est nôtre… L'expérience est facile à réaliser : On saisit une tasse. Il faut d'abord un certain effort pour la tenir entre les doigts, donc il y a bien une participation de l'ego au début, puis la tasse tient naturellement entre les doigts, et on n'a plus besoin de la saisir mentalement.

Vacuité et analyse conceptuelle

La vacuité d'un phénomène peut être pressentie à l'aide d'une analyse conceptuelle, en observant par exemple qu'un objet n'est qu'un assemblage de parties elles-mêmes formées de parties et ainsi de suite dans un processus sans fin. Quand l'analyse est terminée il ne reste plus rien de ce qu'on appelle matière au niveau grossier de perception.

L'évolution d'un phénomène dans le temps montre aussi son manque de réalité propre. Les changements de notre corps en sont des exemples. Il a débuté minuscule dans le ventre de la mère, puis il a grandi, vieilli, s'est décomposé et a disparu. Qu'en est-il du corps avant la naissance et après la mort ? Le corps est vacuité.

La physique quantique peut également aider à pressentir cette vacuité. On peut aiguiser son intuition en réfléchissant aux notions de « probabilité de présence » et d'« indétermination ». Mais la méthode qui permet d'aboutir à une véritable réalisation de la vacuité consiste en la pratique de méditations libératrices.

En ce qui concerne les phénomènes intérieurs, les images, les pensées et les émotions, il existe des indices qui vont dans le sens de leur vacuité. Le fait qu'ils sont impermanents, puisqu'ils apparaissent et disparaissent dans le mental, entraîne deux solutions concernant leur façon d'exister : soit ils se cachent quelque part après leur apparition, soit ils n'ont pas d'existence propre et apparaissent en dépendance d'autres phénomènes. Ceci a été traité dans le paragraphe « Définition de la vacuité ».

On pourrait imaginer que les pensées demeurent dans la mémoire, prêt à surgir sous certaines conditions. Il est néanmoins nécessaire d'approfondir cette intuition dualiste dans la méditation, car c'est dans l'intériorité que l'on peut observer et reconnaître leur véritable nature. On peut avoir une forte présomption qu'une maison est vide sans y entrer, mais la véritable certitude survient lorsqu'on y pénètre et qu'on la visite entièrement.

Vacuité et interdépendance

Pour qu'un phénomène sans existence propre puisse apparaître, il faut que certaines conditions soient réunies, concrètement d'autres phénomènes, lesquels ne peuvent également apparaître qu'en présence de certaines conditions. En conclusion, chaque phénomène dépend de tous les autres pour apparaître : tout est relié, et il n'existe pas de phénomène originel qui serait la cause de tous les autres.

La vacuité d'un phénomène implique donc son interdépendance, et réciproquement si un phénomène a besoin de la présence d'autres phénomènes pour apparaître, il n'existe pas par lui-même, il n'a pas d'existence propre, il n'a pas d'essence.

La vacuité est un concept utilisé pour se libérer des conditionnements et de la souffrance. C'est donc le concept le plus important, puisque c'est en réalisant la vacuité des phénomènes et du moi qu'on se libère.

Exemple de la table

La vacuité d'une chose est son absence d'existence propre, de nature propre, d'essence. Ceci peut sembler bizarre, parce que dans la vie les choses sont considérées comme ayant une existence propre, une nature propre, une autonomie, une substance. Une table, par exemple, semble bien avoir une existence en soi, elle est là, on peut la déplacer, on peut y déposer des plats, etc. Elle a une nature de table, différente d'une nature de chaise, elle a une substance et une matérialité, celle du bois.

Pourtant, en regardant de plus près, cette table n'est qu'un assemblage de pièces de bois ; elle n'existe pas par elle-même, mais seulement en tant que composition. Si on cherche sa substance matérielle, on trouvera des fibres, des tissus, des molécules des atomes, ensuite il n'y a plus rien de très substantiel, on entre dans l'indétermination. Cette table est impermanente, elle a été fabriquée un jour, et elle finira par pourrir ou brûler. Toutes ces considérations rendent la table moins substantielle qu'elle ne paraît.

On peut réfléchir ainsi pour tous les phénomènes, on ne trouvera jamais rien en terme de substance (existence propre et permanence). Ces raisonnements assez grossiers demandent à être complétés par un traitement plus subtil effectué dans la méditation.

Métaphores des aspects de la vacuité

La réalisation de la vacuité des phénomènes et du moi s'établit par la méditation. À un niveau plus superficiel, on peut néanmoins utiliser des expériences* métaphoriques qui permettent de ressentir quelques-uns de ses aspects, tels que l'absence de nature propre.

Expérience de l'arc-en-ciel

Elle permet d'illustrer l'absence de nature propre des phénomènes. En effet, l'existence de l'arc-en-ciel dépend de diverses conditions météorologiques en l'absence desquelles, il n'apparaît pas. On admet facilement que l'arc-en-ciel n'existe pas par lui-même. À moins d'être fou, il ne viendrait à personne l'idée de le capturer et de l'enfermer dans une boîte. Il est éphémère, entièrement dépendant. Quand il disparaît il ne laisse aucune trace. Et on sait intuitivement qu'il ne se cache nulle part, qu'il est vraiment inexistant après son apparition. Pour le reproduire, il faut créer les conditions atmosphériques adéquates. On peut admettre qu'il est insaisissable, qu'il n'est ni permanent ni autonome.

Expérience de la vue panoramique

La vacuité d'un phénomène exprime le fait qu'il apparaît tout en étant vide d'essence. Il se manifeste en surface, mais en profondeur il est vide. L'expérience* de la vue panoramique permet de comprendre les aspects de la vacuité des phénomènes concernant leur nature insaisissable et leur faculté d'apparaître.

Il suffit d'observer un paysage sans l'étiqueter, sans en isoler certaines parties, sans le commenter, en restant silencieux et calme. Le paysage apparaît complet avec tous ses détails, mais on ne peut les décrire, ils sont là tout simplement, ils sont à leur place. Ce paysage apparaît mais il ne peut être saisi ni commenté. Si on tente de le saisir mentalement, il se transforme en concept, et l'on saisit alors un concept, et non le paysage.

L'expérience est plus profitable lorsqu'on reste assez longtemps concentré dans l'observation pour faire disparaître l'observateur. Nous sommes alors nous-mêmes le paysage, dans une sorte d'imprégnation poétique. Quand nous sommes ce paysage, il n'y a plus aucun moyen de le saisir. Si l'on poussait l'expérience plus loin, lorsqu'on aurait dépassé l'expérience sensorielle, son essence vide deviendrait évidente.

Semblable au rêve

Lorsqu'on a réalisé la vacuité des phénomènes, on reconnaît qu'ils n'ont pas d'existence autonome, à la manière des rêves qui ne sont que des apparitions en dépendance du karma*, de situations passées, de désirs, de projets, etc. Les rêves n'ont pas de matérialité, ils n'ont pas d'épaisseur. Ils sont également privés de substance, c'est-à-dire qu'ils n'existent pas par eux-mêmes et ne sont pas permanents.

Pour l'esprit libéré du dualisme, les phénomènes n'ont pas de consistance, ils ne sont que des apparitions, c'est pourquoi ils sont dits semblables au rêve. Cela ne signifie pas que l'on peut traverser un mur (à moins de maîtriser les éléments comme certains yogis), car dans la réalité relative, celle du quotidien, les phénomènes ont tous les attributs qu'on leur connaît. Étant nous-mêmes dans le relatif, nous sommes donc semblables à des rêveurs assignés à résidence dans leur rêve jusqu'à leur réveil. Le rêveur, c.-à-d. l'ego, est également un rêve.

Aussi, en voyant tout comme un rêve, on rappelle le côté relatif et temporaire de tout ce que nous vivons sur terre. Cette façon de considérer les choses permet de prolonger l'état de conscience qui est le nôtre dans les méditations libératrices.

La vision comme un rêve est plus vaste que la vue ordinaire. Les choses s'apparentent à des apparitions disparitions. Ce qui est perçu donne l'impression d'une réalité sans d'épaisseur. L'effet de perspective peut disparaître, comme si nous n'étions plus localisés d'une manière précise ou que nous étions partout. Tout cela donne aussi une proximité avec le décor, une intimité avec tout ce qui nous entoure.

Notre regard s'est élargi, comme si le décor n'est plus à l'extérieur mais en nous.

Effets de l'examen de la vacuité

Reconnaître la vacuité des phénomènes et du moi, et la réaliser peu à peu dans la méditation rend la vie plus légère et moins accrochée aux dépendances. La tendance à la saisie est de moins en moins arrogante. Tout ceci améliore le bien-être et réduit les contraintes karmiques génératrices d'obstacles à la progression vers la sagesse.

La non-dualité

Collection d'opinions que le lecteur remplacera avantageusement par les siennes

Ce chapitre présente la non-dualité dans les chemins de bien-être et de sagesse, et l'intérêt d'en comprendre la signification.

Les sujets suivants sont abordés :
- Vue dualiste
- Enquête
- Définition de la non-dualité
- Erreurs d'application de la non-dualité
- Non-dualité et méditation
- Non-dualité et transcendance
- Non dualité et unité
- Effets de l'examen de la non-dualité

Vue dualiste

Pour l'esprit dualiste, autrement dit l'esprit d'un être non éveillé, la non-dualité n'existe pas puisqu'il expérimente tout de façon duelle, avec un sujet et un objet, en termes de soi et des autres, de soi et de l'environnement, etc.

Enquête

L'enquête qui suit (Définition... à Effets de l'examen...) consiste en une étude du concept de non-dualité dans une perspective de cheminant*.

Définition de la non-dualité

La non-dualité signifie absence de séparation. Elle n'a de sens qu'en mode éveillé. Au niveau ordinaire, en mode conditionné, douloureux et conceptuel, la non-dualité n'existant pas, c'est une illusion de prétendre communiquer en non-dualité entre esprits dualistes.

La non-dualité, l'absence de sujet et d'objet, est impossible pour l'esprit dualiste, puisqu'à ce niveau de perception, le monde est toujours considéré comme un ensemble de phénomènes perçu par un observateur qui en occupe le centre.

On peut envisager la non-dualité comme une « vérité de chemin », c'est-à-dire comme un concept utile temporairement qu'on abandonne après avoir réalisé ce à quoi il faisait référence. Des approches de la non-dualité sont possibles. Par exemple ramener l'esprit à soi, c'est-à-dire être conscient de sa propre conscience, conduit l'esprit à moins s'accrocher à son contenu. Supprimer l'effort, c.-à-d. lâcher prise, entraîne une réduction significative de la présence égotique, ce qui va dans la direction de la non-dualité. Méditer sans conscience de soi exprime bien que l'on tente de supprimer le rôle de l'ego (sachant que l'absence de l'ego ne supprime pas la conscience, et qu'il reste une clarté, une conscience panoramique illimitée dont le centre est partout).

Ces approches permettent de se faire une idée de certaines qualités de l'état non-duel, elles sont sur le chemin, mais n'y aboutissent pas véritablement. Il est plus facile d'atteindre la non conceptualité, l'état non conceptuel.

Erreurs d'application de la non-dualité

Il existe bien des simulacres de non-dualité, quand par exemple un dictateur se met à penser : « Il y a moi et les autres, mais les autres sont également moi, ils font ce que je dis, ils font ce que je veux, il n'y a pas de dualité entre nous. Et s'ils estiment que j'ai tort, ils sortent de la non-dualité et je les supprime. »

Aux antipodes de cette haine, un amoureux fusionnel pensera : « Il y a elle et il y a moi, mais je suis aussi elle, nous pensons la même chose, il n'y a pas de dualité entre nous. Elle m'aime et je l'aime. » Ce à quoi l'amoureuse répond : « Il y a lui et il y a moi, mais je suis aussi lui, nous pensons la même chose, il n'y a pas de dualité entre nous. Il m'aime et je l'aime. »

Ces illustrations humoristiques permettent de présenter certaines erreurs dans la manière de concevoir la dualité. Aussi bien le dictateur que l'amoureux fusionnel parlent de non-dualité entre « egos », ce qui est impossible, l'ego étant l'une des composantes d'un dualisme.

Parmi ces deux simulacres de non-dualité, celui du dictateur qui élimine tout ce qui n'est pas lui, montre l'erreur de croire qu'une non-dualité peut être engendrée en supprimant l'un des termes de la dualité.

L'autre simulacre, celui de l'amoureux fusionnel, présente l'illusion d'une non-dualité physique, émotive et intellectuelle. Il pourrait également amener à penser qu'une non-dualité est la fusion de deux éléments en un seul.

Non-dualité et méditation

Au début d'une séance de méditation profonde, il y a bien un observateur et un objet d'observation, mais ils s'effacent au cours de la pratique, et la méditation continue avec une conscience de soi minimale. Il n'y a plus de séparation entre le sujet et l'objet puisqu'il n'y a plus de sujet ni d'objet. L'objet s'est évanoui en même temps que le sujet. Et c'est dans cette non-dualité que s'effectue la suite du travail qui dure des années, des vies... et finit par mener à la sagesse.

Reste la question de savoir ce que sont devenus le sujet et l'objet lors du passage à la non-dualité. La réponse est qu'ils sont nulle part, parce que ni le sujet ni l'objet n'ont d'existence propre, étant en dépendance mutuelle. La conscience de base contient des empreintes (c'est l'une des façons d'enseigner les subtilités de la conscience). Avant d'arriver dans la conscience mentale, la conscience souillée la transforme en une dualité « sujet objet ».

Ces empreintes ne sont pas connaissables par l'esprit dualiste. Prenons une comparaison dans le domaine de l'informatique. Un utilisateur frappe une lettre sur un clavier, et celle-ci apparaît immédiatement à l'écran. Dans cette métaphore, l'empreinte serait le logiciel qui permet la saisie et l'affichage de la lettre.

La méditation sur la vacuité s'effectue dans un état plus ou moins proche de la non-dualité, suivant la progression dans la réalisation. Quoi qu'il en soit, il y a toujours non-conceptualité (non-dualité « sujet concept »). La méditation n'étant qu'un laboratoire, la non-dualité qu'on y expérimente a pour but et résultat une moindre emprise à la saisie dans la vie quotidienne.

La non-dualité s'atteint par le lâcher prise, lequel est entravé par différents voiles. Pour progresser, il est donc nécessaire de nettoyer son esprit, d'alléger les voiles. Ceci s'effectue en accomplissant des actes positifs tels que la méditation et en renonçant aux actes négatifs. Le processus de purification est grandement facilité en faisant appel aux capacités des êtres éveillés, d'où l'avantage de se relier : l'accès à l'ultime est bien plus rapide en passant par l'intermédiaire d'un être qui a déjà réalisé l'ultime qu'en essayant d'y arriver seul.

Non-dualité et transcendance

La non-dualité est l'une des marques de la transcendance inaccessible à l'esprit dualiste (en particulier l'intellect) puisqu'elle exprime justement une réalité libérée de l'obscurcissement dualiste.

Dans la méditation, c'est en lâchant prise sur l'observateur, le guetteur, que l'on accède à un embryon de transcendance que la purification des voiles rendra effective. En effet, le lâcher prise sur l'ego permet de parvenir à une non-conceptualité, et il faut ensuite se servir de cet état non conceptuel pour s'engager dans une pratique de purification permettant de parvenir à une non-dualité, à une absence totale de référence.

Dans ce processus, l'esprit se transforme peu à peu en sagesse et abandonne toute trace de sentiment égotique.

Le terme « transcendance » vient du latin « trans » qui signifie « au delà », et de « scandere » : « monter ». Dans le sens pratiqué ici, il pourrait être défini comme un état inaccessible à l'esprit dualiste. L'idée de monter est métaphorique, ce serait comme monter vers le ciel en perdant son ego pendant l'ascension, de sorte qu'il n'y aurait plus que le ciel. Monter, c'est s'extraire de la pesanteur. Ici on se libère plus précisément de la pesanteur de l'ego, c'est-à-dire qu'on lâche prise sur notre fonction de guetteur, d'observateur, de curieux compulsif.

Il y a plusieurs niveaux de non-dualité, dans le sens où l'on ne s'affranchit pas de toutes les dualités en même temps. Sommairement, chaque fois que l'on dépasse un sentiment de séparation, on réalise une non-dualité, par exemple en cas de dépassement de la dualité sujet-objet, de la dualité intérieur-extérieur. Dans certaines méditations, quand apparaît un phénomène et qu'on le médite, on finit par dépasser la dualité « observateur phénomène » pour ce phénomène particulier, mais d'autres dualités vont continuer de se manifester.

Non-dualité et unité

Dans certains traditions, on utilise le mot unité et non le terme non-dualité employé dans les voies de sagesse. Sachant que nous sommes en dualité dans la vie quotidienne, le terme non-dualité donne un indice sur la manière de dépasser la perception ordinaire, il nous dit qu'il est nécessaire d'abandonner toute séparation pour réaliser la sagesse. On abandonne simplement la dualité, il n'y a rien à fabriquer ; au contraire il faut se dépouiller des attributs égotiques comme la conscience de soi, les émotions et les croyances qui sont autant de dualités.

La différence entre la dualité et la non-dualité concerne le plan de la perception. À la non-dualité de l'essence d'un phénomène, la perception ordinaire égotique ajoute une dualité qui transforme le phénomène en un « sujet observateur » et un « objet phénomène ». C'est l'aspect souillé de la conscience qui engendre cette illusion.

L'unité, l'un, se rencontrent plutôt dans les voies dualistes de dévotion où l'un est par exemple identifié à un être suprême. On rencontre aussi le terme Union. Tous ces concepts sont des vérités de chemin valides jusqu'à la réalisation ultime.

À chaque terme, son mode d'emploi ; le mélange est stérile sur le plan spirituel. Vouloir créer des correspondances entre le lexique d'une tradition et celui d'une autre risque de créer des faux sens, voire des contresens. Il est inutile de chercher un être suprême dans une voie non-duelle, et l'y trouver signifie que l'on s'est égaré dans la dualité.

Effets de l'examen du concept de non-dualité

Le travail en non-conceptualité pratiqué dans la méditation

finit par se refléter dans la vie quotidienne. C'est comme si une part de notre conscience n'était plus soumise aux conditionnements égotiques. La vigilance est plus naturelle, les perturbations plus facilement abandonnées, il y aura moins de créations karmiques, la vie semblera plus légère et le bien-être sera accru.

◦ **Bivouacs 2**

La première fois
Il y eut cette présence
Qui donnait la réponse
À mes questions d'enfant...
C'était tellement vaste
Mon cœur voyait le ciel...

Les portes s'ouvrent
Pour ceux qui sont dans la présence
Qui ne craignent ni ne doutent...
Le ciel est clair
Aucun voile aucune brume…

Le sage invite à prendre l'exemple
Des hautes montagnes
Qui ont tant de force et de majesté
Verticales, touchant le ciel
Sans faiblesses ni murmures...
Deviens cette haute montagne
Qui médite sans trembler…

Quand vient la nuit
La montagne demeure
Imperturbable cime...
À l'arrivée du jour
La montagne demeure…

Joie et tristesse
Sont comme le jour et la nuit...
Toi aussi demeure inébranlable
Comme la montagne...
Ainsi est l'éveillé
Depuis toujours...

La conscience

Collection d'opinions que le lecteur remplacera avantageusement par les siennes

Ce chapitre est consacré à la conscience, mot qui regroupe des réalités diverses. Dans ce cahier, on en distinguera trois aspects : la conscience dualiste ordinaire, la conscience du chemin utilisée dans la méditation et la conscience parfaite, autrement dit la sagesse transcendante.

Les sujets abordés sont :
- la conscience dualiste
- les strates de la conscience
- la conscience dans la méditation
- la conscience du chemin
- la conscience parfaite
- l'inconscience
- les effets de l'examen du concept de conscience

Conscience dualiste

La conscience ordinaire dualiste se révèle à l'avènement d'une pensée, d'une émotion, d'une perception, d'une image, d'un souvenir, etc.

La conscience est un aspect de nous-même que l'on connaît sans apprentissage, puisqu'on l'expérimente à chaque instant.

Supposons que nous dormons d'un sommeil profond dans une chambre noire. Au moment même où nous nous réveillons, la conscience est là. Nous ne voyons rien parce que la chambre est noire, mais la conscience est présente. Il n'en est pas ainsi pour le lit et les meubles dans les même circonstances, puisqu'ils ne se réveillent jamais.

Lorsque nous sommes tranquilles, sans pensées ni regard, et donc conscients d'aucun objet particulier, nous pourrions croire que la conscience dualiste a disparu, mais nous avons tout de même conscience de notre corps, une conscience vague, le sentiment d'une présence physique qui nous appartient en propre. C'est encore un peu de conscience dualiste.

Lorsqu'il n'y a pas de phénomènes intérieurs, si on écarte la présence du corps, on peut se demander s'il existe encore un élément qui serait de la nature de la conscience. En tentant l'expérience, on a le sentiment qu'il subsiste quelque chose qu'on ne peut pas définir et qui serait la conscience d'exister, une conscience subtile qui semble affirmer « j'existe » et qui jouerait le rôle d'un miroir.

Les strates de la conscience

La conscience est stratifiée pour des besoins pédagogiques ; cette division permet de mieux comprendre ses différents aspects. Voici un bref aperçu de la conscience, telle qu'elle est enseignée dans certaines écoles bouddhistes. Il s'agit ici d'un résumé dont l'objectif est tout au plus de s'en faire une idée.

Lorsqu'on utilise le mot « conscience », on considère l'être ordinaire, non réalisé. Chez l'être éveillé, la conscience est transformée en sagesse transcendante, synonyme de conscience primordiale.

Pour parler globalement de la conscience de l'être ordinaire, on utilise le mot esprit qui regroupe tous ses aspects. L'esprit évoque quelque chose d'intérieur et de subtil, tandis que la conscience fait penser à la lumière, celle qui éclaire nos pensées par exemple.

Huitième conscience

L'aspect le plus haut de l'esprit, qui demeure d'existence en existence, c'est la conscience base de tout ou huitième conscience, qui est non duelle. C'est elle qui contient les empreintes karmiques, c'est-à-dire les semences pour les vies futures provenant des actes passés. Cet aspect est le plus important car il n'est pas cantonné à une seule existence.

Ensuite viennent les aspects momentanés qui éclairent les événements du quotidien et sommairement disparaissent au moment de la mort.

Septième conscience

La conscience souillée, première partie de la septième conscience, s'appelle ainsi parce qu'elle dégrade la conscience en la plombant par l'illusion de la dualité. Ainsi, quand une empreinte vient à maturité dans la conscience base de tout, elle se projette instantanément dans la conscience souillée sous la forme d'un sujet et d'un objet. C'est donc le début de la conscience dualiste.

Il existe aussi un aspect de l'esprit nommé conscience immédiate, qui est la seconde partie de la septième conscience. Elle aussi est reliée à la conscience base de tout. Elle court-circuite la conscience souillée et permet de mettre directement en contact la conscience base de tout avec les consciences sensorielles, et elle concerne toutes les perceptions qui ne passent pas par l'ego. Voir un paysage s'effectue à travers cette conscience, tandis que le regarder fait intervenir la conscience souillée.

Les six consciences sensorielles

Ensuite viennent les six consciences sensorielles qui éclairent les informations reçues par les cinq sens et le sens mental. Tandis que les cinq sens (la vue, l'ouïe, l'odorat, le goût, et le toucher) sont reliés à l'extérieur, le sens mental est relié aux cinq sens et assure l'interface avec la conscience souillée.

Le sens mental ou sixième conscience

Le sens mental, le sixième sens, est aveugle car il n'est pas relié à l'extérieur mais se nourrit de caractéristiques venant des consciences sensorielles. Ces caractéristiques entrent ensuite dans le bocal conceptuel et peuvent être traitées intellectuellement. Il est facile de remarquer que lorsque nous avons vu un certain nombre de fois un objet, nous n'utilisons plus les informations reçues depuis les sens externes, mais nous nous contentons des caractéristiques utiles à nos raisonnements et nos actes. Quand par exemple nous nous intéressons à une tasse, c'est sa fonction qui nous intéresse, ainsi que sa localisation qui nous permet de la manipuler, d'y verser une boisson, d'en approcher des lèvres et d'avaler son contenu. La forme du verre est bien là, en arrière plan, élément du décor panoramique.

Le sens mental étant aveugle, nous vivons la plupart du temps dans nos propres fabrications. Ceci fait partie de l'illusion dualiste. On peut réaliser une petite expérience pour montrer que l'on évolue d'une perception basée sur l'expérience sensorielle à une perception mixte, avec la plupart du temps prédominance de la perception conceptuelle sur la sensorielle. Il suffit d'acheter un nouvel appareil. Au début il faut rassembler toute son attention pour trouver les différents éléments utiles à son fonctionnement, et par la suite, l'apprentissage étant terminé, on accède à ces éléments sans véritable regard. Il y a bien dans l'apprentissage un processus de création d'un « logiciel » adapté, mais aussi un certain abandon de la perception sensorielle.

Nous avons vu les huit aspects de la conscience ordinaire. On pourrait aller plus loin et considérer toute la boucle de la perception qui s'effectue dans l'esprit, couplée à l'illusion d'une réalité extérieure.

Conscience dans la méditation

La conscience duelle est un obstacle dans un chemin vers la sagesse, à cause de la présence d'un centre égotique, d'afflictions et de tendances. Ainsi, dans la méditation, on essaie de s'approcher le plus possible d'une conscience non duelle débarrassée de l'ego et des afflictions.

Dans les premières séances, on commence par apaiser les émotions perturbatrices, puis on se place dans l'état naturel de l'esprit, protégé des productions égotiques, pour continuer le travail sur les afflictions et entamer l'élimination de la croyance en l'ego.

On utilise un discernement spécial qui permet de reconnaître la vacuité du moi et des phénomènes. Le moi est de moins en moins efficient ; à la fin l'effort devient inutile, et la séance se poursuit en dehors de sa présence.

Conscience du chemin

L'aspect de la conscience appelé ici « conscience du chemin » est une conscience qui a dépassé la conscience dualiste sans avoir atteint la sagesse. Elle représente les états de conscience progressifs rencontrés dans les méditations libératrices. Le méditant demeure encore dans la conscience dualiste dans sa vie quotidienne, mais il bénéficie déjà de certaines qualités dues à la purification de ses afflictions et à une moindre soumission à l'ego.

Conscience parfaite

La conscience parfaite porte plusieurs noms tels que la sagesse ou la conscience primordiale. C'est une conscience débarrassée des afflictions, du karma* et des dualités (moi-autres, intérieur-extérieur, etc.). C'est la conscience des êtres éveillés, qui se passe des pensées et de la logique discursive. Ces outils de l'esprit dualiste sont transformés en une sagesse spontanée qui comprend tous les tenants et aboutissants, qui n'a pas besoin de réfléchir, qui voit l'essence des choses, connaît les différentes existences de tous les êtres, leur karma... Cette sagesse leur permet d'apparaître aux êtres avancés sous une forme subtile, ou sous une forme grossière, le corps d'émanation, pour les êtres ordinaires. La forme prise par l'être éveillé est adaptée aux facultés de l'être récepteur. Il existe également une possibilité de nombreuses émanations simultanées, etc.

Nous ressemblons à des êtres enfermés au fond d'une grotte qui n'ont jamais vu la lumière du jour, et qui doivent enlever tous les obstacles pour l'atteindre. Des êtres déjà éveillés nous disent que cette lumière existe, ce qui constitue une information très précieuse, car sans eux nous ne chercherions même pas à l'atteindre.

Cette lumière est la conscience primordiale, et nous n'en connaissons l'existence que par ceux qui l'ont déjà réalisée.

Il est possible qu'au tout début de l'instant, nous soyons dans une conscience haute, tout au moins assez proches, et que très vite nous tombons dans la dualité, sous la coupe du karma et des afflictions, nous régressons au point de n'être plus qu'une conscience dégradée. Tout cela se passerait à chaque instant.

Dans notre perception ordinaire, statistique, lissée, nous ne connaissons que cette conscience dégradée, et c'est avec elle que nous expérimentons le théâtre éphémère, sans épaisseur, que nous appelons la vie. Théâtre qui serait fort agréable s'il n'y avait la souffrance, la nôtre et celle d'autrui, qui alterne avec des bonheurs aussi éphémères que la rosée du matin.

L'inconscience

Inconscient !

Le qualificatif « inconscient » a plusieurs sens. Il peut s'appliquer a un individu ayant perdu connaissance (évanoui) ou à un irresponsable.

Une personne évanouie semble dormir d'un sommeil profond. Ses consciences sensorielles sont suspendues. Elle est sans pensées ni émotions. Sans doute n'a-t-elle plus cette clarté intérieure qui la rendrait consciente d'exister.

Dans la suite du paragraphe, c'est l'autre sens du mot « inconscient », celui d'irresponsable, qui est étudié.

Obscurcissement de la conscience

Un irresponsable se caractérise par une conscience égotique très obscurcie.

A chaque instant nous vivons dans la conscience haute le temps d'un éclair puis nous retombons dans la conscience égotique (déviée par la dualité). Nous vivons donc principalement dans la conscience égotique, la conscience dualiste dans laquelle un sujet est conscient d'un phénomène qui n'est pas lui, mais qui lui fait face. Il est impossible pour un être ordinaire de rester dans la conscience haute.

Pour se faire une idée métaphorique de la dégradation d'une conscience par la dualité, on peut tenter l'expérience suivante : Il y a un paysage. Je suis chaque point du paysage et en même temps je suis le paysage en totalité. Je prends le temps de bien entrer dans ce rôle panoramique où je suis à la fois un pixel et le tout. Puis soudain, à la première distraction, je ne me sens plus qu'un centre superposé au corps, tandis que le paysage s'éloigne. Je le vois à présent depuis ce belvédère fictif dont je ne puis m'écarter.

La conscience dualiste est obscurcie par les voiles* émotionnels et cognitifs.

Le voile émotionnel consiste à admettre la réalité du « soi », et il comprend également toutes les passions nées de cette illusion, comme l'orgueil, la jalousie, la colère, etc. Le voile cognitif accorde une réalité substantielle aux phénomènes ; il est constitué de pensées et d'émotions qui ne sont pas conscientes de leur véritable nature de vacuité.

Pour se faire une idée du voile émotionnel, prenons le cas de la passion d'orgueil. Lorsqu'il devient extrême, cet obscurcissement aveugle totalement l'intéressé sur la réalité du monde. Il oublie la nature humaine des autres et les considère comme des objets à son service. D'où chez lui une abondance de comportements irresponsables qui peuvent devenir criminels comme par exemple chez les dictateurs.

Pour comprendre ce qui se passe sur le plan de la conscience dans le cas d'un dictateur, il suffit de regarder ce qui se produit en soi dans des moments d'orgueil ou d'arrogance, et d'imaginer que les nuisances générées dans cet état sont intensifiées et multipliées chez le dictateur.

L'inconscience peut être provoquée par d'autres passions comme la colère, l'addiction, l'ignorance, etc. Elle peut également concerner le voile cognitif. C'est le cas d'une pensée erronée quand elle se solidifie en une croyance qui borne l'esprit au point d'engendrer beaucoup de nuisances. Par exemple croire qu'un meurtre devient un bien quand son objectif est la vengeance, peut multiplier les conflits, les violences et les assassinats.

Conscience et gestion de la situation

Il est souvent nécessaire de gérer des situations avec pour seul outil notre conscience dualiste. La justesse et l'efficacité de cette gestion dépend de notre état mental en ces circonstances. Plus il y a d'habitudes néfastes et d'afflictions, et plus la situation sera mal gérée (si notre objectif est la sagesse). Les mauvaises habitudes et les afflictions obscurcissent la conscience qui devient plus étroite, parcourt des canaux adventices, perd son aptitude à cerner la situation dans sa globalité. Un individu rusé manie aisément un esprit étroit, et il est facile à des influenceurs sans éthique d'orienter le traitement de la situation en leur faveur. Cela s'observe abondamment dans les domaines politique et affairiste, notamment chez ceux qui sont obnubilés par le pouvoir ou l'argent.

Pourquoi un esprit soumis à une passion devient-il plus étroit et plus malléable ? L'esprit calme est panoramique, ouvert à tout, sans a priori. Le surgissement d'une affliction va le diriger dans une direction particulière, ce qui aura pour effet de lui ôter sa vigilance panoramique au profit d'une vigilance unidirectionnelle étroite et ciblée. Ce qui surgit d'une autre direction sera moins visible ; il n'en tiendra pas compte. Et de ce fait il deviendra la proie facile d'un individu qui sait flatter la direction dans laquelle l'intéressé s'est figé à cause de sa passion.

Lorsqu'une conscience est obscurcie par l'affliction de la peur, par exemple, au lieu de voir la situation dans son ensemble, elle s'accrochera à la seule solution qui la rassure sur l'instant. Si un influenceur arrive à la maintenir en état de peur, il peut réussir à la manipuler pendant une longue durée.

Si une conscience est affectée par la colère, elle ne verra pas non plus la situation globale mais va s'empresser de choisir la solution qui réalise sa colère, par exemple la violence.

Ce qui se déroule dans un esprit obscurci est la perte de la vision panoramique de la situation, c'est-à-dire qu'il n'en distingue plus qu'un paramètre isolé qui apparaîtra avec un fort grossissement, les autres facteurs étant laissés dans l'ombre. Deux aspects sont à considérer en ce qui concerne le processus d'obscurcissement. D'abord, la portée de l'intuition panoramique, celle de la vue d'ensemble, est très diminuée. Ensuite, l'intuition pré-conceptuelle étant également obturée, les arguments intellectuels viendront en moins grand nombre, seront même parfois réduits à un seul, et leur qualité sera moindre. La situation sera très simplifiée, linéaire, ciblée en fonction de l'affliction, au lieu de s'ouvrir à une diversité de solutions

Pour illustrer encore cet obscurcissement par affliction, il suffit de prendre l'exemple de spectateurs présents dans une salle qui prend feu. La peur va pousser certains d'entre eux à bousculer les autres pour se précipiter vers la sortie principale. Une personne qui ne serait pas guidée par la peur pourrait voir d'autres issues et s'y diriger sans précipitation. Si elle a une conscience bienveillante, elle va même aider d'autres personnes à sortir. La personne paniquée n'agit pas nécessairement de cette façon dans d'autres circonstances, elle peut être bienveillante, attentionnée, mais la peur l'a aveuglée, a réduit son champ de conscience et lui a fait prendre une décision qui n'était ni optimale ni fraternelle.

Dans cet exemple, il était question de la crainte d'une atteinte physique, de la douleur, de la mort. Certaines méditations peuvent réduire cette peur, celles qui calment l'esprit et également celles qui portent sur l'impermanence, car la peur provient souvent du refus du changement (de l'environnement ou de soi-même) ou du déni de la mort. Le meilleur remède à long terme se trouve dans les méditations libératrices.

Effets de l'examen du concept de conscience

L'examen du concept de conscience, quand il est approfondi par la méditation, permet de limiter les obscurcissements, de réduire les afflictions, de prendre les bonnes décisions dans les situations quotidiennes et d'enlever des obstacles sur le chemin.

INTERROGATIONS SUSPENDUES – CAHIER N°2

Qui puis-je bien être ?

Collection d'opinions que le lecteur remplacera avantageusement par les siennes

Le présent chapitre et le suivant (je sais que je ne sais rien) abordent tous les deux la notion d'être.

Le premier des deux examine les difficultés soulevées par la recherche d'une réponse à la question : « Qui puis-je bien être ? », en raison de l'abondance de sens attribués au concept « être ». Nous nous intéressons dans ce cahier à l'être ultime, infini, indépendant de l'espace et du temps. Un être ordinaire n'a pas encore réalisé cette perfection de l'être, mais une approche intuitive aidée de concepts peut lui permettre de pressentir que cet être n'est pas une pure invention. Cet être ultime n'est justement accessible que si nous n'inventons rien, que si nous abandonnons toute fabrication mentale.

Il est possible de dire « je suis » en regardant la mer ou le sommet d'une montagne, mais l'être auquel on s'identifie alors est trop conditionné pour être vrai. En enlevant un peu de ce qui n'« est » pas, on trouve un être plus pur, et en ôtant complètement les habits des tendances et de la fabrication, on trouve un être auquel on ne plus rien enlever, et qui pourrait bien constituer l'être authentique, mais rien n'est sûr, car cette méthode reste théorique.

Comme on peut s'y attendre, pour expérimenter l'être, il

suffit d'être, ce qui ne semble pas très compliqué (à dire).

Chez certains, l'envie de rechercher l'être peut résulter d'une intuition. En voici une parmi d'autres : Il existe dans la vie un sentiment subtil que l'on pourrait interpréter comme le désir d'être, qui regroupe différents souhaits sur divers plans d'existence. Parmi eux, il y aurait entre autres l'aspiration à être tranquille, vaste, reconnu, aimé, à tout connaître, à expérimenter l'absence de limites. On aimerait comprendre si le besoin de trouver quelque permanence sur un plan d'existence actuellement inaccessible correspond ou non à une utopie, sachant que nous sommes mortels.

Nous allons donc nous promener d'une réflexion à l'autre en ne perdant jamais de vue l'idée d'être, dans l'espoir de trouver une façon authentique d'être. Et si nous nous trompons, nous aurons au moins essayé, plutôt que d'évacuer l'idée avec mépris.

Voici quelques étapes de cette errance :
- physiquement
- émotivement
- professionnellement et socialement
- familialement
- intellectuellement
- méditativement
- ultimement

Physiquement

La première chose qu'on remarque chez une personne que l'on rencontre, c'est son physique, son corps ou une partie de ce dernier si par exemple elle est assise derrière un guichet. C'est une femme, un homme, un enfant ; elle est blanche, noire, jaune de peau ; sa taille est grande, petite, moyenne ; elle est jeune, âgée, d'âge mûr ; elle est maigre, mince, grosse ; ses cheveux sont blonds, bruns, noirs ; elle est belle, laide, ordinaire, attirante, repoussante, neutre. Elle a de l'élégance, elle est rustre, souple, etc.

Puisqu'on s'intéresse à l'être, on se pose la question : « Est-ce que nous sommes ce corps ? » Nous pouvons nous identifier complètement à lui, ou n'y trouver qu'une façade de notre complexité, utile dans notre relation aux autres. Le corps peut être une source de douleur ou de jouissance. Quoi qu'il en soit, il nous accompagne durant toute l'existence. Mais est-ce que nous pensons que nous sommes ce corps ; est-ce que nous nous ressentons comme un corps ? Lorsque nous disons « je suis », nous avons peut-être le sentiment d'être le corps, faute d'avoir une référence plus consistante à notre disposition. Est-ce que nous travaillons exclusivement pour entretenir ce corps ? Nos relations avec autrui ne sont-elles que des jeux d'un théâtre où les acteurs seraient nos corps ?

Il est bon de connaître intérieurement notre rapport avec notre corps, de voir par exemple si toute notre vie est centrée sur lui. Quand nous enlevons ce corps par la pensée, reste-t-il encore un aspect de nous qui serait important ?

Si je pense que je suis le corps, que mon être est le corps, qu'advient-il de celui-ci quand le corps à disparu ? Nous ne pouvons affirmer rigoureusement que notre être est le corps, car cette hypothèse supposerait qu'un « infini » est identique à un « composé fini ». Le corps est tout au plus le compagnon d'une vie, un support, un outil de douleur et de jouissance, un médium vis-à-vis d'autrui. Et nous cherchons quelque chose qui n'a pas de limites, ni spatiales, ni temporelles.

Il est évident que l'être n'est pas ce corps entièrement conditionné, ni le domaine sensoriel qui participe majoritairement à la perception du corps, et facilite ainsi la croyance en son existence ; corps auquel on fait confiance comme s'il était permanent et autonome.

Émotivement

Nous pouvons considérer que les émotions sont importantes, qu'il est appréciable de ressentir du plaisir, de la joie, de la satisfaction, de se sentir amoureux, vivant, apprécié, aimé, etc. Nous vivons souvent à la recherche d'émotions agréables, c'est même parfois le but de l'existence. On peut chercher l'être dans l'affectivité, et spécifiquement dans les bonnes émotions. Un bonheur infini ? Un bonheur simple, ni dans l'espace ni dans le temps. Nul besoin de plage sous les palmiers, de violons mélodieux, le bonheur est là. Notre être serait ce bonheur. Le seul bémol est qu'un tel bonheur sans ombres ne se rencontre pas dans l'existence dualiste, laquelle se déploie dans des alternances de bonheur et de souffrance.

Ce genre de bonheur dualiste ne peut être considéré comme notre être. Il lui manque la permanence, car dans le meilleur des cas il disparaîtrait en même temps que notre corps. Or l'être que nous cherchons doit exister au-delà de la mort. En outre le bonheur que l'on vit dans l'existence dualiste est attaché à des conditions particulières sans lesquelles il disparaît. Dans notre mental il est un état de plénitude du domaine affectif lié à la pensée de ne manquer de rien. Qu'advient-il de toutes ces attaches après la mort ?

L'être (ultime) est inconditionné, donc sans attaches. Une solution serait que l'être serait lui-même bonheur et conscience du bonheur, sans séparation possible. Et les termes « être ultime », « bonheur ultime » et « conscience ultime » seraient des synonymes que la compartimentation du théâtre dualiste nommerait différemment. Ceci étant, la plage sous les cocotiers deviendrait inutile.

Professionnellement et socialement

Lors d'une rencontre avec quelqu'un, il arrive qu'on lui demande ce qu'il fait dans la vie, quel est son métier. Cette question permet de le situer socialement, car la profession donne souvent un aperçu de la richesse, de la classe sociale, de la culture, du pouvoir, etc.

À présent, réfléchissons ! Est-ce que notre profession nous définit totalement ; est-ce qu'elle donne un aperçu exhaustif de ce que nous sommes ? Qu'en est-il par exemple si nous exerçons un métier dans l'unique intérêt de subsister ?

Si nous quittons le plan social et regardons en nous... Est-ce que nous sommes un métier, une fonction, une activité ? Un résumé de vie du genre : « Monsieur Dupont a vécu quatre vingt-cinq ans. Il était manutentionnaire », semble-t-il en accord avec l'idée d'être.

On finira par quitter ce métier ou cette activité, ne serait-ce qu'en raison de l'âge. Est-ce que nous nous reconnaissons dans ce métier, ou faut-il aller voir ailleurs, par exemple dans la vie familiale ?

Un métier, ou toute autre activité, est lié au mouvement, à la transformation, à l'impermanence, il est difficile d'imaginer ce qui pourrait être conservé dans l'être intemporel.

Familialement

Nous trouvons peut-être que le plus important c'est d'avoir un conjoint, d'être père, mère, et d'élever des enfants le mieux possible, de préparer notre filiation par le sang. Toutes ces fonctions sont relatives : père est relatif à enfant, conjoint est relatif à conjointe, etc. Elles n'ont pas d'existence propre, car par exemple un père sans enfant n'est pas un père. Il est donc impossible qu'un père, qu'une mère, etc. soient des êtres.

Il est cependant envisageable d'en retenir quelque chose par rapport au besoin d'être, c'est le souhait d'une continuation dont on espère qu'elle ne s'achèvera pas. L'être, quant à lui, ne s'achève jamais puisqu'il n'a jamais commencé.

Un être ne peut consister en une compilation de différents continuums de conscience, car cela signifierait qu'un être est divisible. Ainsi un fils n'est pas le même être que son père. Dans la majorité des cas d'ailleurs, père et fils vivent simultanément pendant une certaine période de leur existence, jusqu'à la mort de l'un d'entre eux.

Intellectuellement

Nous pouvons penser que nous sommes avant tout une accumulation de savoirs, d'expériences, de pensées, d'opinions, etc. Nous pouvons estimer qu'être, c'est avant tout penser. Seulement, la pensée nécessitant un penseur, nous sommes dans le cas d'une dualité incompatible avec la non-dualité de l'être. En effet, une dualité ne peut être infinie du fait de l'indivisibilité de l'infini. En outre, la pensée est conditionnée, et pour cette raison ne peut être.

Nous n'avons donc pas encore trouvé l'être. On peut encore imaginer que la pensée aura une influence sur les autres, que ces derniers s'en feront les porteurs, en assureront l'héritage. On peut considérer que l'on continuera d'exister chez les autres par ces pensées. Or nous ne sommes pas qu'une pensée, qu'une opinion, nous en sommes un fatras. Ce n'est qu'une mince partie de nous qui perdure, le reste est oublié. Même écrite, elle ne survivra pas en raison de l'impermanence des mentalités ; elle finira par n'avoir aucune efficience. Les idéologies rassissent autant que le pain, il suffit d'un peu de patience.

Nos pensées peuvent créer dans le continuum de conscience des empreintes qui produiront des situations dans d'autres existences. Tout cela appartient au domaine de la transmission horizontale (temporelle) tandis que l'être ultime est l'aboutissement du vertical.

Méditativement

Nous pouvons penser que nous accédons à l'être dans certaines méditations, même si on n'appelle pas cela l'être. Chaque absorption méditative serait « être », et comme il y a différents niveaux d'absorption, il y aurait différents niveaux d' « être ». Mais si on atteignait le plus haut niveau d'être, on ne serait pas libéré pour autant, on demeurerait dans le manège mondain conditionné (samsara). Pour atteindre l'ultime, il est nécessaire d'être libre d'être. On peut alors être ou ne pas être.

Ultimement

Toutes ces considérations ne disent pas ce que nous sommes. Les émotions, les pensées, l'identité sociale, l'intellect et autres, tout cela est temporaire, et pourtant c'est ce que nous croyons être pendant la vie.

Nous serions la succession de toutes ces expériences, et comme il y a une quantité d'expériences, il y aurait une quantité d'êtres en nous. Nous serions multiples.

À présent, si nous enlevons le corps et le système sensoriel, puis les émotions, les pensées et les images, que reste-t-il ? Il resterait l'être ? C'est une expérience à réaliser dans une sorte de méditation, en prenant son temps. On enlève un à un ce que l'on pense être nous et nous nous identifions à ce qui reste…

S'il ne reste rien, il faut savoir à quoi correspond cette « apparence » de néant, puisque celui-ci par définition ne peut exister, qu'aucune chose ne peut en sortir, certainement pas la vie. Le concept de néant n'est que l'opposition à la notion d'être, sa seule réalité est intellectuelle. Le néant est une chimère, des cornes de lapin. Souvent, lorsqu'on éprouve un tel sentiment, on oublie que le sujet qui éprouve, c.-à-d. soi-même ne peut être un néant.

Cette « apparence » de néant, ce rien, désigne seulement notre incapacité à connaître. Si dans la méditation, on lâche prise sur ce qui semble exister, il ne reste plus rien, et nous sommes dans l'être. Cet être est clarté et félicité. On ne peut rien dire sur cette clarté ni sur cette félicité ; on se contente d'expérimenter l'être et on expérimente en même temps la clarté et la félicité. Les mots « clarté » et « félicité » doivent être pris pour des symboles qui renvoient à l'expérience intérieure correspondante, expérience qui est au-delà des pensées, des images et des émotions.

Sur la clarté, on peut préciser qu'elle n'est pas une clarté physique, comme le serait l'effet d'une lumière, mais qu'elle permet de révéler, elle donne le sentiment de voir et de se reconnaître dans l'invisible. La félicité ou joie authentique ressemble à un bonheur, mais elle est inconditionnée, il y a personne pour être heureux ; ce bonheur-là est identique à l'être, c'est-à-dire que nous sommes bonheur.

Revenons à l'expérience d'enlever tout ce qui est fabriqué pour parvenir à ce qui reste : l'être. Comme rien n'est pas un néant, on sait seulement de lui qu'on ne sait rien. C'est d'ailleurs l'objectif du tétralemme utilisé dans le cadre de la connaissance spirituelle.

S'il est possible alors de déclarer que l'être contient potentiellement la manifestation, on peut rétorquer qu'on n'en sait rien. Croire en cette potentialité est un problème, puisqu'on se trouve alors en pleine fabrication intellectuelle. Ce n'est donc plus vraiment du non-savoir, on n'est plus dans une posture favorable à la sagesse. Le mental n'a pas tout à fait capitulé, et la transformation de l'esprit en sagesse ne peut s'effectuer, faute de vide conceptuel.

On aimerait savoir s'il y a un seul être ultime ou s'ils existent en quantités innombrables. La réponse intellectuelle serait de dire que l'être ultime est au-dessus de l'un et du multiple.

Affirmer que l'être ultime est unique, est une façon de voir les choses pratiquée dans certaines traditions. Dans une voie de sagesse, il est tacitement multiple parce que chaque individu y parvient, il y aurait donc autant d'êtres ultimes que d'individus.

L'être ultime individuel est complet en lui-même ; c'est comme s'il contenait tous les autres. La nature véritable de l'être ultime dépasse notre entendement. L'un et le multiple appartiennent à la vue dualiste ordinaire. C'est par simplification pédagogique que l'on utilise de tels concepts pour définir l'ultime.

L'aspect « un » est utilisé dans les voies de dévotion, mais n'est pas utile dans une voie de connaissance entièrement intériorisée et sans dualisme. Dans l'intériorité profonde, il serait difficile d'accéder à une multiplicité.

Les idées de « un » ou de « multiple » ne sont que des vérités de chemin, des approximations permettant de progresser dans une voie particulière.

Nous allons utiliser le tétralemme* pour nous fatiguer de l'idée d'utiliser notre entendement pour savoir si l'ultime est unique ou multiple. Voici les quatre propositions qui doivent être acceptées par l'intuition :

(1) l'être ultime est unique,
(2) l'être ultime n'est pas unique,
(3) l'être ultime est et n'est pas unique,
(4) Ni l'être ultime est unique, ni il n'est pas unique.

◦ Bivouacs 3

La rivière coule
Au bas de la vallée...
Quand a t-elle commencé
Sa fluide progression ?
Quand son long voyage
Sera-t-il achevé ?

La vie s'écoule
De la naissance à la mort...
Mais la conscience
A-t-elle une matière
À naître et à mourir ?
Son voyage est-il d'ici ?

Médite fluidement
Comme le flot continu
Des rivières terrestres
Avec cette conscience
Sans début ni fin...
Médite comme le flot…

La grâce impérissable
S'écoule en ta conscience
Comme un courant sans fin
Si tu n'abandonnes pas
Ton regard ouvert et fervent
Vers les hauteurs du sage
Des profondeurs de ton être...
Aussi n'interromps pas
Ton indicible prière...

Je sais que je ne sais rien

Collection d'opinions que le lecteur remplacera avantageusement par les siennes

Ce chapitre est consacré à la phrase de Socrate : « Je sais que je ne sais rien. » Cette expression (ἕν οἶδα ὅτι οὐδὲν οἶδα) est parfois traduite par : « Je ne sais qu'une chose, c'est que je ne sais rien ». Il ne s'agit pas ici d'essayer de comprendre le sens de ces mots dans l'esprit de Platon lorsqu'il transcrivait les paroles de Socrate, mais d'utiliser cet adage comme prétexte pour exprimer un certain aspect de la connaissance transcendante.

La connaissance transcendante

La connaissance ou sagesse transcendante n'utilise pas de concepts. Ainsi « je sais que je ne sais rien » qui inclut un sujet et un objet ne peut pas exprimer ce type de connaissance. Par contre, cette pensée peut constituer une amorce de compréhension : le fait d'avoir conscience que l'on ne peut rien savoir (de l'ultime) avec des mots, des concepts. Pour la connaissance, il faut changer d'étage et passer en mode non duel, là où n'y a plus de connaisseur ni d'objet à connaître.

On peut se demander à quoi sert la connaissance s'il n'y a personne pour connaître. Ce ne serait qu'une absurdité à ranger dans la même case que les mémoires à écriture seule en informatique. Dans le savoir ordinaire, il y a bien celui qui sait et l'objet du savoir ; par exemple Daniel connaît son numéro de téléphone. Dans la connaissance non duelle, Daniel a disparu et le numéro de téléphone aussi. Daniel est éphémère. La connaissance n'est pas une relation entre un sujet et un objet, mais elle appartient au domaine de l'être.

Approche de l'être

Ce substantif désigne le fait d'« être en absolu » et non pas un être humain, animal, etc., là où le mot « être » est complété par un attribut qui le fait descendre d'un étage pour devenir synonyme d'espèce. Le terme « être » correspond à une modalité de l'esprit que l'on peut définir de différentes façons, sans qu'il y ait nécessairement de concordance entre elles. Bien qu'il s'agisse ici de l'être sans attribut, on peut lui affecter les qualités suivantes : permanent, sans forme, conscient, hors du temps, qualités qui ne sont que des approches accessibles à l'esprit dualiste. En effet l'être ne sait pas qu'il est permanent, conscient, etc.

Nous allons donc tenter d'approcher l'être de plusieurs façons (liste non exhaustive) :

- par la phrase de Socrate,
- par la méditation,
- par la question : « qui suis-je ? »,
- en tant que notre véritable identité,

- par le concept de courant de conscience,
- par la nature des êtres éveillés.

Par la phrase de Socrate

L'aphorisme « je sais que je ne sais rien » qui inclut un sujet et un objet ne peut exprimer l'être. Par contre, il permet de prendre conscience que l'on ne peut rien savoir (de l'ultime) avec des mots, des concepts. Cette phrase peut donc constituer une motivation à méditer pour aller plus loin, et jouer le même rôle que l'interrogation : « qui suis-je ? »

La réponse à la question « qui suis-je ? » en méditation est un état de conscience que l'on peut traduire à l'issue de la pratique par « je n'en sais rien ». C'est alors seulement qu'il est valide de déclarer : « Je sais que je n'en sais rien », et ici le « je sais » est le résultat d'une concentration méditative et non d'une investigation conceptuelle. Il est donc important d'examiner le moyen par lequel on sait.

Par la méditation

L'être peut être expérimenté par la méditation. Il s'agit d'abord d'apaiser tous les phénomènes mentaux et de se libérer des références (identification au corps, conscience de soi). Il reste « être ». On connaît en étant.

Cet être paraît bien morne, mais ce n'est sans doute qu'une impression, car au sein de l'être il existe la faculté de connaître. Comme il n'y a rien à connaître, à part soi-même, on peut parler d'auto-connaissance. Lorsqu'on a déshabillé complètement notre esprit, il ne reste qu'un vide auto-connaissant qu'on pourrait appeler « être », ou du moins « approche de l'être ». C'est l'un des accès possibles, puisque ce vide n'a pas de limites, il est hors du temps et de l'espace. Daniel a disparu, ses pensées, ses amis, également... Il ne reste même plus de Daniel pour éprouver un sentiment de solitude.

Si on s'interroge sur un être qui serait un vide non connaissant, un peu à la manière dont on considère l'espace extérieur, on ne lui trouve aucun intérêt en ce qui concerne l'existence.

Pour parvenir à ce vide auto-connaissant, on est parti de l'esprit de Daniel que l'on n'a d'ailleurs jamais quitté. Ce vide auto-connaissant est Daniel à nu, sans ses conditionnements. Il ne reste qu'une lumière habitant l'espace, si on peut encore parler d'espace. Ce vide auto-connaissant n'est pas une utopie, un concept joli à entendre, il est la réalité la plus nue de Daniel, il est son être.

Pour accéder à l'« être », Daniel a dû se débarrasser de Daniel. Pour comprendre cet étrange escamotage, il suffit de changer Daniel par soi. Ce que nous abandonnons, c'est la relation à nous-mêmes, le bonheur de se regarder dans un miroir. Et quand on enlève le miroir, c'est encore nous, mais nous perdons la jouissance de nous voir. Et c'est cet abandon qu'il faut accepter en lâchant prise. Cet exemple est présenté ici pour essayer de faire comprendre que dans le processus vers l'être, nous perdons l'effet miroir, et que cette perte illusoire peut être difficile, car elle nous permet de vivre dans le théâtre mondain.

Par la question : « qui suis-je ? »

Ce cas a été étudié en même temps que l'adage : « Je sais que je ne sais rien ». Le savoir, ou plutôt la dualité « moi - objet du savoir » n'est pas valide pour accéder à l'être. C'est ce que l'on comprend lorsqu'on cherche une réponse à la question « qui suis-je ? » Il est impossible d'accéder à l'être sans se perdre (en fait perdre son ego et tous ses conditionnements). Et ce n'est pas en ôtant le costume mondain de Daniel qu'on détruit son être.

La question « qui suis-je ? » est souvent suivie de : « dans quel état j'erre ? » Cette dernière question peut être interprétée dans le théâtre mondain, l'existence cyclique. En effet, une existence dans l'état humain peut être suivie par une autre dans l'état animal, ou même par une existence infernale, puis comme dieu, et ainsi de suite, indéfiniment, en fonction du karma qui arrive à maturité au moment de la mort. Certains états sont très agréables, et d'autres insupportables. Il y a bien une errance d'état en état aussi longtemps que l'on n'est pas libéré (des conditionnements karmiques).

La version humoristique de la même question : « Dans quelle étagère ? » indique qu'il y a plusieurs degrés dans l'existence cyclique (samsara), en fonction de l'intensité de la souffrance endurée. Ainsi la souffrance est maximale dans les mondes infernaux, et minimale dans le monde des dieux. Sachant cela, a-t-on véritablement envie de demeurer longtemps dans l'existence cyclique ?

En tant que notre véritable identité

On peut se demander quelle est l'utilité d'avoir accès à l'être, puisqu'on ne le voit pas, qu'il ne peut pas se balader en forêt ni se bronzer sur une plage. En fait il est toujours là, même entre deux naissances, nous pouvons le considérer comme notre véritable identité, contrairement au « moi » qui disparaît au moment de la mort. Concevoir notre être comme notre véritable identité peut répondre intellectuellement à une curiosité, mais reste du domaine de l'imaginaire. Si on médite sur notre identité, cela revient à la méditation sur le « qui suis-je ? ».

Il est impossible de savoir conceptuellement ce que signifie « être » puisqu'on ne peut que l'être. Le terme être est une notion assez rudimentaire qu'on peut affiner un peu, auquel on peut affecter certaines qualités, non qu'elles soient vraies, mais parce qu'elles peuvent fournir des consolations à l'étage inférieur, dans le théâtre mondain.

Il est possible de comprendre l'impossibilité conceptuelle de connaître l'être en remplaçant « être » par « infini » dans la phrase suivante : « Cet être est au volant de sa voiture. »

Par le courant de conscience

Si on identifie l'être au courant de conscience, en procédant par induction, on peut admettre l'hypothèse qu'il est un train d'instants de conscience séparés, chaque instant étant initié par l'instant précédent. Sans cette hypothèse de séparation des instants de conscience, il n'y aurait pas de libération possible, or cette libération existe, ce qui valide l'hypothèse précédente. En outre certains yogis parviennent à discriminer ces instants.

Si on définit l'être comme courant de conscience, comme un flux, on comprend que le « moi » est une illusion... Imaginons ce « moi » à un instant donné, que devient-il l'instant suivant, lequel est totalement séparé de son prédécesseur ? Lorsqu'on coupe une carotte en rondelles, chaque rondelle est séparée des autres. Maintenant supposons qu'il s'agisse d'une carotte reconstituée où chaque rondelle est formée à partir de la chair de la carotte précédente, et transposons la carotte dans le contexte du courant de conscience, en espérant que cette métaphore horticole, compatible avec un régime végétalien, fasse sourire à l'aube du prochain repas...

Dans la vie ordinaire, on ne connaît pas le courant de conscience, mais seulement la conscience. Il y a cet espace intérieur connaissant, et il est très facile d'en faire un être. Par contre, il est plus difficile d'imaginer un être à partir d'un flux d'instants de conscience, sauf si c'est ce flux lui-même qui est l'être. Le flux serait l'être, et les instants en seraient des manifestations. Quelle serait la nature de ce flux ?

Par la nature des êtres éveillés

Si on cherche l'être au-delà de ce courant de conscience, là où il n'y a plus d'instants, puisqu'il n'y a plus rien à en dire, on peut s'aider de la « constitution » d'un être éveillé, telle qu'elle apparaît à la connaissance conceptuelle.

Dans le bouddhisme, un être éveillé possède un certain nombre de corps (suivant les écoles). On lui en associe plutôt quatre : le corps absolu, le corps de félicité, le corps d'émanation et le corps essentiel. C'est le corps absolu qui représente le mieux ce que l'on peut nommer être, puisque le corps de félicité et le corps d'émanation qui permettent d'accomplir le bien des êtres ont une durée limitée à leur mission, et que le corps essentiel exprime seulement l'inséparabilité des trois corps.

Le corps absolu est invisible, illimité, hors du temps et connaissant.

Comme ces quatre corps ne peuvent être expérimentés par les êtres non éveillés, la connaissance que l'on en a en tant qu'êtres ordinaires reste d'ordre imaginaire.

Apparence d'être

Il arrive des moments où nous pensons avoir atteint l'être alors que nous subissons l'affliction de la torpeur. Nous nous croyons dans la non-dualité, quand nous sommes à la limite de l'inconscience. Il n'y a pas de lumière. Nous sommes trop endormis pour être perturbés. Nous pouvons même ressentir une certaine joie, comparable à celle d'une sieste dans un décor de rêve.

Peut-on être et ne pas être ?

Est-il possible d'être et de ne pas être ? Au rez-de-chaussée de l'esprit, il y a son aspect dualiste parfois au repos, parfois pensant. Quand il est vraiment au repos, calme, sans pensées, sans émotions ni images, nous avons le sentiment de nous trouver dans l'être (c'est ce que l'on pense après coup, car au moment où cela se produit nous sommes comme en apnée). Seulement dès qu'on se met à penser, la belle éternité disparaît. On a le sentiment d'être tombé dans une usine à pensées, images et émotions. En conclusion, à cet étage il n'y a pas vraiment d'être.

À présent, on peut tenter une autre expérience. On reste au rez-de-chaussée, mais dans le calme et le lâcher prise, de manière à obtenir une certaine stabilité sans effort, et lorsque l'esprit est perturbé par un phénomène intérieur, on en observe la nature. Peu à peu, au bout de nombreuses observations de ce genre, on réalise que le phénomène a la même nature que l'esprit. Que l'esprit soit au repos ou pensant, on retrouve la belle éternité de l'être. Il semble donc qu'à l'étage de la nature de l'esprit, on retrouve certaines qualités de l'être. Entre-temps, on a perdu la dualité « sujet objet ». L'esprit ne peut « être », mais sa nature le peut. Alors, « peut-on être et ne pas être ? »

Des explorateurs cherchent un trésor dans la mer et finissent par trouver qu'il est l'eau elle-même alors qu'ils l'imaginait comme un objet immergé quelque part dans l'eau. D'autres explorateurs, ceux-ci dans l'intériorité, cherchent l'être dans l'esprit alors qu'il est sa nature elle-même.

Il y a être et être

Les diverses notions d'être ne correspondent pas forcément à une réalité identique. Il existe différents niveaux d'être, et dans ce cahier, il nous faut chercher les approches les plus susceptibles de nous aider sur un chemin.

Il semble que les réponses les plus adaptées soient : « par la méditation », et par la question : « qui suis-je ? » qui est en fait une incitation à méditer.

L'être humain

Ce qu'on appelle « être humain » n'est pas un être au sens qui lui est attribué dans ce chapitre. En effet, il est qualifié de « humain », et de ce fait il devient un terme générique pour désigner les hommes et les femmes. Si on enlève les conditionnements des êtres humains, on aboutit bien à l'être, mais cela ne concerne plus les hommes et les femmes, simples incarnations qui naissent et meurent.

L'être dans son sens le plus haut, l'être absolu, ne peut s'incarner puisqu'il est immuable. Ce n'est donc pas lui qui s'incarne en un « être humain ». L'être, stricto sensu, ne peut qu'être.

Pour comprendre le processus d'incarnation, il est préférable d'utiliser le concept d'esprit, beaucoup plus souple. Un aspect de l'esprit est kidnappé par le karma, et c'est cet aspect qui s'incarne.

Une difficulté est de comprendre le lien, s'il existe, entre les deux concepts « esprit » et « être ». Au départ, le sens de ces deux termes est simple : l'esprit est relié à la conscience, et l'être au sentiment d'exister. En restant dans le domaine conceptuel, on peut affirmer que l'être fait partie de l'esprit. En effet, l'esprit est un vide lumineux, une clarté vide, un espace connaissant, un espace conscient, etc. Dans la notion d'esprit, on insiste sur la conscience, la connaissance, tandis que dans l'être, on met l'accent sur le sentiment de complétude. Dans l'esprit et l'être, on retrouve les mêmes qualités de permanence, d'immuabilité, d'absence de limite, et de conscience.

Une autre façon d'exprimer le lien entre l'esprit et l'être, est d'examiner leur origine intuitive. La notion d'être provient de conditions matérielles auxquelles on aimerait échapper (cela est conditionné, cela a une substance, cela a besoin d'un espace, cela ne dure qu'un temps), et la notion d'esprit résulte de l'aspect connaissant (cela est clair, lumineux, conscient).

En examinant de quelle manière ces deux concepts ont été inventés (de manière simplifiée et imaginaire), on s'aperçoit que c'est par deux chemins différents qu'on arrive à l'être et à l'esprit, et qu'on aboutit à la fin à quelque chose de compatible avec les deux mais qui va bien au-delà.

Être ou non-être

Lorsque l'on « est », il n'y a plus de dualité, il n'y a que l'être. Il n'y a plus de conscience de soi. Si une telle conscience se maintenait, on ne serait plus l'être mais cette conscience qui observe l'être, on ne serait plus un mais deux. Si la conscience qui observe l'être est l'être lui-même, le problème de dualité est résolu, l'être et la conscience sont deux aspects inséparables de la même chose. D'un point de vue pratique, on ne peut parvenir à l'être à l'état inconscient, à la façon d'une boite à sardines.

L'être sans conscience d'être un sujet est parfois appelé non-être. Le non-être est vraiment sans référence. On lui a ôté la dernière référence, celle à lui-même. Il est vraiment nu.

L'être comme symbole

La notion d'être permet de se faire une idée intellectuelle de l'être, mais lorsqu'on l'utilise comme symbole et que l'on médite sur ce symbole, elle aide à progresser sur le chemin. Dans la représentation de ce symbole, il y a par exemple l'idée d'absence de limites. On se place alors dans notre intériorité et on médite sur l'absence de limites ; on observe l'absence de limites de notre intériorité, ceci devient une expérience.

On pourrait par exemple définir symboliquement l'être comme étant illimité, hors du temps, sans soi, non perturbé, non visible, sans forme, etc. et méditer à partir de ces qualités symboliques. Ce sont des approches possibles...

On trouve des méditations sur l'être ou des méditations équivalentes dans la plupart des traditions spirituelles, chaque fois que l'on tente de sortir de l'étroitesse de l'esprit dualiste.

Conclusion

Le concept d'être qui paraît évident, puisqu'on ne peut pas s'empêcher d'être, s'adapte à différents degrés de conscience, depuis la conscience ordinaire jusqu'à la conscience primordiale. Des expériences permettent d'approcher l'être sans l'atteindre, un peu comme pour l'horizon. La raison en est que l'être ne peut être atteint, puisqu'il est. On est, cela semble absolu, sans l'être vraiment. La montée vers l'être ultime se fait d'une façon asymptotique, elle ne peut aboutir que par une transformation totale de l'esprit. Une chenille ne devient papillon qu'en perdant son identité de chenille.

Les raisonnements sur l'être ne servent à rien. C'est seulement lorsqu'on lâche le salmigondis conceptuel, que l'on se détend, que l'on commence à comprendre ce que l'on sait depuis toujours. L'intellect a beaucoup de mal à s'arrêter, mais il lui arrive de comprendre qu'il ne comprend rien, c'est cela le trésor caché de l'intellect.

INTERROGATIONS SUSPENDUES – CAHIER N°2

Le sentiment de soi

Collection d'opinions que le lecteur remplacera avantageusement par les siennes

Dans ce chapitre, le sentiment de soi est d'abord examiné en mode dualiste, puis au moyen d'une enquête approfondie qui explore différentes formes sous lesquelles il apparaît.

Les paragraphes qui suivent abordent les sujets suivants :
- Ego, croyance en l'ego...
- Vue dualiste
- Enquête
- Le sentiment de soi dans les moments de tranquillité
- Le sentiment d'être le corps
- Discerner l'identification au corps
- Le sentiment de soi dans l'action
- Le sentiment de soi dans les étapes de la vie
- Expérience du penseur pensée
- Expérience du penseur pensée, suite
- Se libérer du sentiment de soi

Ego, croyance en l'ego,...

L'ego (moi, soi) a été examiné dans le cahier n°1. À cet ego se greffent les notions de croyance en l'ego, de conscience de soi, de croyance au soi et de sentiment de soi. Voici ce qui différencie ces notions dans le cadre de ce cahier :

L'ego (moi, soi) est le centre fictif créé par l'esprit auquel il s'identifie par méprise. Ce centre est invisible et n'a jamais été trouvé, ni à l'intérieur, ni à l'extérieur. Malgré son statut illusoire, il est le cœur de nos préoccupations.

La « conscience de soi » appartient au domaine de la conscience, de la lumière intérieure, de la lucidité. Elle est dualiste dans le sens qu'il y a un sujet conscient d'un objet qui dans ce cas est lui-même. Cette conscience est comme le reflet de soi dans un miroir. Elle semble dire : « je me vois exister », et se libère par la conscience panoramique non duelle, lorsqu'on enlève le miroir et que l'on demeure dans la lumière de l'esprit naturel non perturbé, puis en méditant sur la vacuité du soi.

La « croyance au soi » est du domaine conceptuel. Elle consiste à se comporter comme si ce centre existait vraiment, sachant qu'on ne pense jamais directement que l'on croit au soi, c'est une évidence spontanée. À cause de cette croyance sous-entendue, l'esprit s'identifie au centre fictif en prenant le rôle de sujet. C'est cette saisie qui aboutit aux souffrances. Pour se libérer de celles-ci, il faut donc se dégager du « réflexe » de saisir, et donc se libérer de la croyance en la réalité de l'ego. En résumé, la croyance en l'ego est l'attrape-nigaud qui mène à la souffrance. Elle se libère par le lâcher prise en cas de désir ou de répulsion, puis en méditant sur la vacuité du soi.

Le « sentiment de soi » appartient au domaine du ressenti (sensation intérieure ne venant pas du système sensoriel) et de la localisation. C'est un ressenti concomitant à notre présence, en toutes circonstances, dont on ne peut se séparer, un ressenti qui donne un caractère d'évidence à notre identité au corps. Il fait croire à l'inséparabilité du soi et du corps. C'est ce sentiment qui nourrit le plus notre croyance au soi. Il se libère en demeurant dans l'espace vide illimité de l'esprit naturel non perturbé, puis en méditant sur la vacuité du soi.

Le sentiment de soi peut être également vu comme une intuition qui intègre ressenti et croyance.

La différence entre la conscience de soi et le sentiment de soi est que l'une est une lucidité, l'autre une sensation interne, un ressenti.

Il y en donc le soi invisible, puis dans leurs domaines respectifs et tout aussi invisibles : la conscience de soi, le sentiment de soi, et la croyance au soi.

Dans la suite, on appelle sentiment de soi l'ensemble du sentiment et de la conscience de soi.

Vue dualiste

Le sentiment de soi ne peut être défini facilement. Déclarer qu'il est toujours là, qu'il nous accompagne, que nous le ressentons, ne semble pas exact. Dans l'action, par exemple, il se fait tellement discret qu'on l'oublie. Lorsqu'on est vraiment dans l'action, on est entièrement occupé par elle, il y a des problèmes techniques à résoudre, des règles à suivre, un objectif à atteindre, mais pas de sentiment de soi. C'est lorsque l'action s'arrête, que l'on fatigue ou que l'on est distrait, qu'il revient au galop.

Lorsque le sentiment de soi est lourd à porter, l'action permet de l'oublier temporairement. Pour certaines personnes, l'action est un viatique, car elles ne peuvent vivre avec pour seul compagnon un sentiment de soi qui se transforme très vite en sentiment de solitude puis en inquiétude ou pire.

Lorsqu'on reçoit une flatterie ou qu'on subit une réprimande, le sentiment de soi est mis au-devant de la scène. Il nous accapare avec plus ou moins de dureté, il remplit le champ intérieur. La dualité qui nous avait abandonnés un peu reprend le dessus. Tout un décor se met en place, et nous en devenons le centre.

Enquête

Cette enquête (Dans les moments... à Se libérer...) aborde le concept de sentiment de soi dans une perspective de bien-être et de sagesse. L'objectif est d'empêcher ce sentiment de nous empoisonner la vie ou de faire de nous son esclave.

Dans les moments de tranquillité

Les moments tranquilles sont ceux où nous ne subissons pas les assauts des émotions négatives, des pensées contrariantes, des sensations désagréables, des douleurs ou des craintes. Tout semble aller bien. Mais la tranquillité s'arrêtera bien un jour, tôt ou tard, car elle alterne avec son contraire l'agitation jusqu'au moment de la mort.

Nous pouvons constater qu'en ces instants de tranquillité le « moi » ne nous empoisonne plus. C'est comme s'il avait cessé de se livrer à la danse des espoirs et des craintes. Vraiment, nous sommes si bien que l'on peut se demander où est passé ce fauteur de troubles.

Le « moi » n'est qu'un concept basé sur une mémoire de saisies successives. Il n'existe vraiment qu'au moment d'une saisie. Dans les intervalles, c'est par abus de langage qu'on lui prête une existence. Si aucune saisie ne s'effectue pendant une certaine période, nous disons que nous sommes tranquilles. Il serait intéressant de savoir qui est ce « nous », qui est ce « moi », pendant ce laps de temps. Doit-on supposer qu'il existe une identification sous-jacente continue tellement habituelle que nous n'en avons pas conscience.

En recherchant ce à quoi l'on pourrait s'identifier de cette façon continue et inconsciente, on trouve le corps qui est toujours présent, et auquel nous nous assimilons par défaut. Cette identification au corps devient saisie en cas de douleur par exemple, et aussitôt la belle union de l'esprit et du corps disparaît au profit d'une dualité de rejet. Le sentiment de soi minimal serait donc une identification subtile au corps.

Le sentiment d'être le corps

Quand nous ne pensons à rien, nous restons conscients ; il semble que l'atmosphère mentale soit habitée par une pensée panoramique qu'on pourrait assimiler à une présence. Nous pouvons remarquer que cette atmosphère est remplie de quelque chose de nous, de familier et de protecteur. Nous sommes certainement très attachés à ce sentiment, car il est quasiment impossible de le retirer sauf sous l'emprise de médicaments délétères.

En analysant cette atmosphère intérieure, nous pouvons y trouver de la chaleur physique, des sons subtils, des obstructions, des sensibilités et des douleurs. Tout cela provient du corps. Ces indices nous racontent en permanence que nous sommes au moins un corps.

La conscience de soi est très liée au sentiment d'être le corps. Si elle ne l'était pas autant, elle serait sans doute moins stable, plus volatile, car le corps joue le rôle d'inertie, de soutien à la stabilité (soutien qui manque à l'esprit après la mort, dans le bardo du devenir, ce qui rend le voyage incertain). Le sentiment d'être le corps constitue notre identification à la matérialité.

Si en méditation ce sentiment est totalement vide, c'est-à-dire qu'il n'est associé à aucune substance, et qu'il se présente comme une totale illusion, il est par contre très présent dans la vie quotidienne. On peut trouver des raisons à ce paradoxe. Par exemple, nous avons l'habitude de vivre au milieu de la nature avec d'autres êtres de chair qui possèdent une forme, des couleurs, une résistance au toucher, etc. Nous pouvons aussi toucher notre corps, évaluer sa solidité, ressentir sa masse. Cette perception extérieure du corps joue un rôle dominant qui met en retrait notre intériorité, c'est-à-dire notre conscience une fois coupée de l'appareillage sensoriel. Dans un chemin de sagesse, c'est la vision intérieure qui est utile.

Le sentiment d'être le corps est inopportun au moment de la mort, lorsque l'esprit devra justement se séparer de son enveloppe terrestre. Celui qui n'a jamais réfléchi à la nature du corps, risque d'être dans une incompréhension totale au moment de la mort. Ayant vécu avec ce corps, il lui est difficile de réaliser qu'il va bientôt y être arraché. Certaines méditations permettent de reconnaître le corps pour ce qu'il est, car en général on le considère en termes de fonctions, d'esthétique, ou encore d'objet de désir ou de répulsion.

Discerner l'identification au corps

Puisque l'identification au corps nous fait souffrir, notamment en cas de maladie ou de blessure, il est important de s'en libérer. C'est en outre l'une des conditions nécessaires à la réalisation de l'éveil.

Pour savoir si nous sommes addicts à notre corps, nous pouvons examiner la souffrance associée aux douleurs physiques et mesurer ainsi l'ampleur de notre identification. Lorsque nous avons une forte douleur, elle peut devenir insupportable, et l'intolérance à cette douleur est un facteur de souffrance. Cette intolérance, peut être préjudiciable au moment de la mort, puisque semblable à un rejet, à une colère, elle risque, si elle s'ajoute à un ensemble de rejets accumulés, de nous mener dans des états inférieurs à l'état humain.

A part la douleur, la chaleur du corps peut accroître notre identification. Cette chaleur étant agréable, elle constitue un paramètre important de notre confort. D'autres phénomènes peuvent générer un attachement au corps, comme le souffle, les battements du cœur, etc. Ce sont des phénomènes habituels qui couvrent en partie notre besoin de sécurité.

Pendant la vie, l'esprit s'unit à un support matériel qu'on appelle le corps, dont il se détache au moment de la mort. Il est préférable d'envisager le corps sans attachement excessif pendant la vie pour réduire la souffrance au moment de la mort. On peut par exemple le considérer comme un support, un habit, un véhicule en location que l'on abandonne lorsqu'il est devenu hors d'usage.

Le sentiment de soi dans l'action

Dans l'action, par exemple lorsque nous tondons une pelouse, nous avons l'esprit occupé par l'objectif (couper l'herbe) et par la conduite (vitesse de la tondeuse, trajectoire, contournement des obstacles, etc.). En général, nous n'avons pas de sentiment de nous-mêmes, sauf quand une pensée parasite ou un problème remonte à la surface, ou pour d'autres raisons comme l'irruption d'une personne, d'un animal ou d'un véhicule dans notre environnement. Lorsque nous sommes fatigués, le corps nous rappelle à son existence, nous prenons conscience qu'il est une grande partie de nous-même, et le sentiment de soi se réveille.

Si, en reprenant l'exemple précédent, nous observons la localisation de notre conscience pendant l'action, nous la verrons dans la zone de la tondeuse, et quand nous sommes fatigués nous la situerons dans notre corps. Notre attention s'est déplacée de la tondeuse à notre corps. Elle était localisée sur un objet de l'espace extérieur, puis, à l'apparition de la fatigue, elle est entrée dans l'espace intérieur où semblent siéger nos courbatures, nos crampes, nos douleurs, notre sensation de fatigue, etc. Ensuite, nous allons nous identifier à ces différents phénomènes intérieurs, et nous dirons : « je suis fatigué, j'ai mal aux jambes,... »

En résumé, le sentiment de soi s'interrompt pendant l'action parce que l'esprit est occupé. Ensuite il revient avec plus ou moins d'intensité selon notre état d'âme. On peut comprendre que l'activité est un remède temporaire à un sentiment de soi trop lourd à porter chez les personnes anxieuses par exemple. Et pourtant, cette anxiété pourrait être l'occasion de s'intéresser plus sérieusement à l'intériorité, plutôt que d'entretenir une dévotion envers les pharmacies.

Le sentiment de soi dans les étapes de la vie

Le sentiment de soi s'ajuste aux différentes périodes de la vie.

Dans la prime enfance, même si l'ego existe, le sentiment de soi, la conscience de penser : « je suis cela, je suis le corps, etc. » n'existe pas véritablement.

À l'adolescence, il se pare de l'identification sexuelle qui devient très forte, ce qui en conséquence donne beaucoup d'importance au corps, principalement à son apparence.

À l'âge adulte, le sentiment de soi va s'accoutrer d'un habillage professionnel et social qui sera très important pendant les heures d'activités extérieures. À cet habillage s'ajoutera l'habillage familial (je suis mère, je suis père). Ce sentiment de soi perturbé par la fonction professionnelle ou sociale peut créer des conflits, par exemple quand un patron ne peut s'empêcher de rester un patron dans sa vie familiale.

À la fin de la vie professionnelle, le sentiment de soi va perdre quelques-unes des illusions précédentes, il s'en trouvera un peu nu et essaiera de continuer d'exister pour la société en participant par exemple à des associations. C'est aussi l'époque la plus intéressante pour se poser des questions essentielles, pour comprendre la supercherie qui se cache derrière le sentiment de soi, puisqu'on a encore toutes ses facultés, qu'on a du temps, et que l'on peut s'éloigner du chaos ambiant pour méditer et développer l'ouverture bienveillante.

Lors du naufrage qui aboutit à la mort, le sentiment de soi n'est plus qu'un lourd fardeau générateur de souffrances. En outre, le manque d'énergie et les douleurs nous empêchent de travailler sur nous-même dans de bonnes conditions.

Expérience du penseur-pensée

Lorsqu'on se regarde dans un miroir, on se ressent comme étant devant le miroir et on se voit dans le reflet qui apparaît à la surface du miroir. Il n'y a pas deux personnes : d'un côté celle qui est ressentie intérieurement, et de l'autre celle qui apparaît dans le miroir. Notre corps est devant le miroir, et le ressenti de nous-même y est aussi. Sur la surface du miroir, il y a la copie de notre forme. Or nous savons qu'il n'y a qu'une seule personne, et que l'illusion du miroir l'a transformée en deux.

Il y a un peu de cette illusion dans le fonctionnement de l'esprit dualiste. Envisageons notre espace mental. Une pensée entre dans cet espace (au sens figuré). En même temps s'y est introduit un penseur qui y reste le temps de la pensée. La pensée est une sorte de reflet du penseur. Le penseur est celui qui ressent, qui est conscient, et la pensée est un reflet de ce ressenti. Penseur et pensée sont le même.

Le penseur n'est pas ici une personne physique, mais un mouvement qui apparaît dans la conscience mentale au même moment que la pensée, comme si un élément potentiellement complet s'était divisé, donnant un penseur d'une part et la pensée à laquelle il pense d'autre part.

La personne physique existe bien, et c'est dans son esprit que naissent en même temps le penseur et la pensée. Or l'esprit (l'espace conscient) va s'identifier au penseur momentané et saisira la pensée comme un contenu.

Expérience du penseur-pensée - Suite

« Je cherche la clef du garage ». Lorsque nous pensons cela avec des mots ou dans un mode instantané (une espèce de déclic), la conscience est en contact avec un contenu particulier qui représente la clef en question. L'image de la clef recherchée peut apparaître. Image ou non, le contact est là, dans notre espace mental. Nous savons exactement ce que nous cherchons, même si les indices visibles dans l'espace mental sont plutôt maigres.

À cette description, il faut ajouter le penseur qui se concentre sur la pensée « clef », et ce penseur est la conscience elle-même. C'est une conscience spéciale tournée vers la pensée « clef », –

spéciale en ce sens qu'elle n'est pas dirigée vers la pensée « chaise », « soleil », ou tout autre objet. Ce n'est pas non plus une conscience tournée vers rien, si tant est qu'une conscience dualiste puisse se dispenser d'objets.

Il existe une grande connivence entre le penseur et la pensée « clef », et cette complicité se conçoit facilement si l'on fait l'hypothèse que le penseur et la pensée « clef » se sont manifestés en même temps. Le penseur est la bulle qui contient la pensée « clef », la pensée « clef » est la bulle qui contient le penseur, et il n'y a qu'une seule bulle . Ceci est une façon de dire que dans cette expérience nous voyons deux alors qu'il n'y a qu'un. Le penseur se prend pour la pensée « clef », et en même temps il la voit comme autre que lui, un peu à la façon dont on se voit dans un miroir.

Si nous revenons à la pensée « clef », le ressenti est dans le penseur et la vision dans le contact mental. Il n'y a pas deux, mais un seul qui s'est divisé en ressenti et en contact. Cette division est une illusion dualiste. Le ressenti est l'aspect qui va vers le centre, et le contact l'aspect qui va vers la périphérie. Les deux mouvements sont simultanés.

Dans cet exemple, le penseur n'est pas l'individu qui pense mais un centre éphémère.

Tout ce qui précède appartient à l'illusion conceptuelle. Lorsqu'on s'est tordu l'esprit avec ce genre de raisonnement, il reste le plaisir de s'arrêter, de faire une pause, de savourer le bonheur de passer un instant sans intervention du « moi », ce qui peut être réalisé ici et maintenant pour le plus grand bonheur de la page blanche.

Se libérer du sentiment de soi

Le sentiment de soi engendre beaucoup de mal-être, car il divise l'expérience en deux parties : ce qui est soi et ce qui est autre que soi. Il se créera des attachements qui entraîneront des souffrances lorsqu'il faudra s'en détacher, et des répulsions qui en produiront également lors des conflits. Pour éradiquer ces tourments et beaucoup d'autres, il est nécessaire de se libérer du sentiment de soi. Il suffit de se rappeler le moment de la mort pour comprendre la fragilité de ce sentiment.

On se libère du sentiment de soi par des méditations profondes. Une méthode est de s'affranchir d'abord des ramifications du soi, de ce qu'on appelle les afflictions ou émotions perturbatrices, c'est-à-dire de ce qui le nourrit et qu'il nourrit, puis il est plus facile de se libérer de la croyance au soi elle-même. En l'absence de croyance au soi, aucun sentiment ne peut se diriger vers lui, le sentiment de soi disparaît de lui-même.

◦ Bivouacs 4

Se retrouver parfois
Dans le ciel azuré...
Il n'y a personne
Ni vents ni rencontres
Seulement le ciel
Pas même le corps...

Et ce ciel est si vaste
Et sans mon corps
Il n'est même pas un lieu
Qu'y-a-t-il d'autre que lui ?
Ce ciel immense
Sans limites cardinales
Ni obstacles de traverse
Cette vastitude intérieure…
Sans mon corps
Il a perdu son centre...

Mon être peut se poser
Ici ou là
Et dire je suis le centre...
Mais mon être est silence
Est-il partout ?
Est-il nulle part ?
Une simple absence
Ou l'immensité d'une présence ?

Le choses sont tombées ici
En leur essence
On ne les distingue pas
De la vaste absence...
Je croyais pourtant
Qu'elles étaient là
Lorsque enfant
Je voulais posséder
Le monde coloré
Et ses châteaux de cartes
Dans la paume féerique
D'une main démesurée...

Intelligence, conscience et sagesse

Collection d'opinions que le lecteur remplacera avantageusement par les siennes

Ce chapitre présente les différents types d'intelligence utilisés dans un chemin de sagesse.

Les sujets suivants sont abordés :
- L'intelligence
- Limites de l'intelligence ordinaire
- L'intelligence ordinaire et la conscience
- Science et morale
- L'intelligence dans un chemin de sagesse

L'intelligence ordinaire

Dans ce cahier l'intelligence est vue comme l'art de placer dans la clarté un ou plusieurs phénomènes, ou une relation entre phénomènes. La clarté est la conscience qui peut être plus ou moins voilée suivant les individus et les circonstances.

Puisqu'il ne s'agit pas ici de faire une étude détaillée de cette faculté, on se contente d'examiner deux aspects :

1. l'aspect algorithmique : la gymnastique mentale permettant de mettre à disposition les phénomènes, la concentration, l'aspect mécanique, etc.
2. L'aspect conscientiel : la nature de la clarté elle-même, le niveau de conscience.

Seul le premier aspect peut être simulé par un algorithme, le second est propre à l'individu puisqu'il est l'individu lui-même.

Limites de l'intelligence ordinaire

L'intelligence limitée par le matérialisme

Se nourrissant de concepts, l'intelligence ordinaire est propre à l'esprit dualiste fragmenté en « moi » et « ce qui n'est pas moi ». Elle est habituellement utilisée dans le domaine de l'analyse conceptuelle. Le concept est matérialiste dans le sens où il est un nom qui représente des éléments de la nature ou une combinaison d'autres concepts qui prennent toujours leur origine dans la nature (la réalité sensorielle).

Puisque le matérialisme consiste en la croyance selon laquelle l'esprit vient de la matière, il est donc valide ici parce que les concepts premiers proviennent d'une perception de la nature, c'est-à-dire de la matière, et qu'ils sont donc au départ des contenus de l'esprit liés au sensoriel changeant. En contrepartie, ce n'est pas dans les concepts que l'on peut trouver l'essence des choses et notre propre essence, parce qu'ils sont fabriqués à partir d'éléments impermanents.

Pour entrer dans une méditation non conceptuelle, il faut d'abord savoir ce qu'il y a à faire et pour cela se nourrir d'enseignements qui utilisent une forme d'intelligence acceptée par la majorité des êtres humains : l'intelligence conceptuelle qui s'appuie sur des mots, des pensées, etc.

Ensuite, il est possible de s'aider d'une « philosophie spirituelle » pour réduire la confusion du mental et le diriger vers une pensée qui soit utile à l'observation méditative. Cette pensée est nécessairement de nature symbolique, c'est-à-dire qu'elle ne prend pas sa source dans le sensoriel mais dans l'expérience intérieure profonde.

En effet, si on prend l'exemple d'une personne pour laquelle l'esprit se résume aux pensées, aux images et aux émotions, il lui sera difficile de s'engager dans une observation de ce qu'il y a en dehors des pensées, en raison de l'aimantation de celles-ci. Par contre, si elle est déjà convaincue de l'insuffisance des pensées suite à des enseignements basés sur des raisonnements ordinaires, il lui sera plus facile d'ouvrir son esprit à la vastitude et la clarté intérieures.

La prise et le don

> [...] J'absorbe les souffrances et l'ignorance des êtres limités par l'intelligence dualiste,
> Et je leur offre les moments de discernement spirituel, même rares et médiocres, accumulés au cours de toutes mes existences. Que ces moments soient multipliés et intensifiés chez eux ! [...]

L'ignorance exprimée dans la « prise et don » qui précède est parfois nommée « stupidité », et elle consiste à refuser de savoir. C'est une sorte de déni dont l'avantage est de rassurer. Car les concepts ressemblent à des bouées de sauvetage auxquelles on s'accroche pour ne pas avoir à se confronter au vide, sans même avoir la curiosité de ressentir ou d'habiter ce vide, ou ce qui apparaît comme vide, c'est-à-dire ce qui est inaccessible à l'esprit dualiste. Le comble de la stupidité, c'est de mourir de faim, assis sur un coffre rempli de vivres. Dans cette métaphore, pour s'en sortir il faut se lever et ouvrir le coffre, ce que l'on peut traduire par lâcher prise sur la dualité où l'on est confortablement assis et s'ouvrir à l'intériorité par la porte de l'attention vigilante.

En absorbant les « souffrances et l'ignorance » des « êtres limités par l'intelligence dualiste », on les en libère par la pensée. Les êtres concernés sont tous les êtres non éveillés y compris nous-mêmes.

L'intelligence déconnectée : une intelligence dégradée

L'intelligence ordinaire peut être déconnectée du réel, de la conscience haute ou des deux. Cette déconnexion peut exister chez des intellectuels en certaines circonstances, ou de façon chronique. La déconnexion du réel sensoriel amène une personne à agir dans un monde particulier où la réalité sensorielle ne vient plus confirmer l'imaginaire. Ici, l'intelligence se limite à son premier aspect, l'aspect algorithmique.

La déconnexion du haut fait qu'une personne n'a aucune éthique naturelle. Elle peut posséder tout l'attirail nécessaire à l'aspect algorithmique, mais l'aspect conscientiel est si dégradé qu'elle ne peut véritablement distinguer entre le bien et le mal. Cette personne peut manier des objets, et elle aura tendance à comprendre les aspects humains en les dénaturant en concepts qu'elle inclura dans son algorithme.

Une intelligence déconnectée à la fois du haut et de la réalité humaine sensorielle est très dangereuse. Chez les vivants, les dictateurs répondent à cette définition qui convient également aux algorithmes d'auto-apprentissage, à l'intelligence artificielle, au transhumanisme, etc. Par son rôle purement technique, l'intelligence déconnectée est utilisée dans la fabrication de robots, mais comme on le voit de manière flagrante également chez certains dictateurs et d'autres individus dont l'intelligence possède un degré de dégradation qui la relègue au rang des algorithmes. Ils sont naturellement dangereux pour la société et pour eux-mêmes, car ils ont perdu toute humanité, laquelle possède à la fois un aspect d'intelligence tourné vers le sensoriel et un autre dirigé vers le haut, une intelligence s'exerçant pleinement entre la terre et le ciel.

Vers l'essence des choses avec l'intelligence ordinaire

Supposons que nous cherchions l'essence des choses au moyen de l'intelligence dualiste, nous allons entrer dans un réseau de concepts en dépendance, une espèce de toile d'araignée multidimensionnelle. Chaque concept est relié à une représentation, vague à la première approche, qui se précise ensuite par ses relations à d'autres concepts. De concept en concept, il est impossible de parvenir à l'essence, mais au mieux au flou généré par une quantité indénombrable de concepts. Si on ne se concentre pas sur un concept particulier, on reste dans le vague, dans une espèce de pénombre. Peut alors jaillir un nouveau concept, mais jamais l'essence.

Si on prend l'approche du « vague », quand les liens conceptuels ne sont pas encore révélés ou lorsqu'il y en a trop, nous sommes dans une pénombre ou dans un brouillard, avec quelques touches de conscience. En clarifiant cette opacité puis en utilisant certaines méthodes, il est possible d'aller vers l'essence de l'esprit. Cependant cette clarification s'effectue hors de la forteresse conceptuelle, dans la chambre illimitée de la méditation, la chambre nuptiale de l'espace et de la lumière.

L'intelligence et la conscience

Nous utilisons continuellement l'intelligence dualiste. Elle permet de clarifier et de mettre de l'ordre dans les affaires temporelles. Par contre elle ne suffit pas pour engendrer un comportement conforme à l'éthique (entendue ici comme protection contre les nuisances à soi-même et à autrui). La preuve en est que l'on rencontre des personnes extrêmement intelligentes qui ne se privent pas d'utiliser leur don pour nuire aux autres. Il existe des dictateurs, des politiciens, des mafieux et des assassins très intelligents.

L'intelligence n'implique pas la conscience, il suffit d'observer des personnages à l'intelligence reconnue et par ailleurs immoraux et nuisibles aux autres. Réciproquement la conscience n'implique pas l'intelligence, car il existe beaucoup de personnes vertueuses et lucides incapables de démêler des énigmes complexes qui parsèment les sciences, le juridique, la paperasserie administrative, etc.

Il ne semble donc pas y avoir de corrélation profonde entre l'intelligence dualiste et la conscience, et pourtant, vu de loin, la première ressemble à la seconde. D'ailleurs le mot intelligence est parfois employé comme synonyme de lucidité.

Le problème du mot « intelligence », tel qu'il est perçu en général, est qu'il ne comporte que l'aspect algorithmique, l'aspect conscientiel étant oublié.

Il n'est pas interdit d'être intelligent et conscient à la fois, bien au contraire, même si le monde évolue actuellement vers une séparation de l'intelligence et de la conscience au moyen de techniques comme l'intelligence artificielle et les visions transhumanistes qui accomplissent le meurtre de l'intelligence authentique, la seule utile sur un chemin.

L'éducation publique permet de développer l'intelligence mais très peu la conscience. En Europe, le développement de la conscience était dans les mains des parents et aussi du clergé, avant leur remplacement par les idéologies politiques, les publicités commerciales, l'éducation numérique, etc.

La véritable conscience, la conscience primordiale ou

sagesse, n'a aucun besoin d'être développée puisqu'elle est là depuis toujours. Il est sans doute plus adéquat de dire à propos de l'éducation traditionnelle, que l'on jouait sur les voiles de la conscience souillée d'une façon ou d'une autre, suivant l'objectif à atteindre. La morale tenait une place importante, et la notion de devoir empêchait de faire n'importe quoi. Le plus souvent, observer une morale était considéré comme une qualité.

L'intelligence dualiste utilise la conscience dans certaines étapes de son processus, et l'oublie totalement dans d'autres. Elle ressemble à un réseau de ruelles obscures éclairées par quelques avares lampadaires. Et même si l'intelligence utilisait la conscience en permanence, ce ne serait que la conscience dualiste (présence d'un ego). S'il existait une éthique dans l'intelligence, elle devrait justement provenir de son aspect conscientiel, la conscience dualiste.

Pour comprendre que l'éthique ne peut être produite par l'aspect algorithmique de l'intelligence, on prend l'exemple de l'algorithme suivant : « Si Toto vole autrui, il est immoral. » Ceci ressemble à de la morale, il y a bien ici l'expression d'une règle de conduite morale, et cette conception suffit à la société. Mais elle n'est pas suffisante. Puisqu'on parle d'un être humain et non d'un automate inconscient, une règle plus adéquate serait : « Si Toto vole autrui en conscience, il est immoral. » Or ce terme « en conscience » ne peut être traduit par un algorithme. Toto aura besoin de développer son intelligence et surtout sa conscience pour accéder à une conscience plus vaste qui inclut la morale. L'intelligence unie à la conscience lui permettra alors de constater que l'acte de voler est nuisible à autrui. La réalisation de l'éthique a besoin du rayonnement d'une clarté pure, panoramique.

Le problème d'amoralité existe déjà dans la nature de la conscience dualiste très dégradée par rapport à la sagesse.

Il est possible de se faire une idée plus précise de la dégradation. La conscience parfaite est métaphoriquement comme une sphère illimitée dont le centre est partout. Lorsqu'elle est dégradée par le dualisme, elle devient unidirectionnelle et son centre est amarré au corps et aux tendances. Il semble que le passage du panoramique à l'unidirectionnel conditionné, que la perte de la réalité intérieure globale, entraîne une ignorance de ce que sont les autres, et permet des pensées et des actes déconnectés, générateurs de souffrances.

La conscience primordiale inclut tous les êtres. Dans la conscience dualiste la conscience est globalement aveugle, hormis sur le point particulier sur lequel elle se concentre.

Le problème de la conscience dualiste est d'être souillée par les tendances négatives et les afflictions. De ce fait, elle perd l'intuition pure du bien et du mal. Il faut lui rappeler la morale par des règles, parce que cette faculté n'est plus naturelle, comme elle l'était en l'absence des souillures.

En outre, l'intelligence n'utilise pas la conscience dans toutes les étapes d'un raisonnement, elle est souvent occupée par un travail algorithmique. La conscience est utilisée au début d'un raisonnement, au stade de la recherche des différents éléments à prendre en compte, une conscience très obscurcie par une affliction ne voyant que les éléments liés à cette affliction au détriment d'une vue plus large et plus libre. De même, à la fin, lors de la prise de conscience des résultats, l'affliction faussera le jugement.

D'un point de vue pratique, une personne intelligente doit tout de même réguler son comportement par des règles morales car l'action juste a perdu son caractère naturel au moment de la chute dans la dualité (passage du non-agir à l'action). Réciproquement, il est donc prudent de garder sa vigilance en face d'une personne intelligente, car elle peut dérailler tout autant que les autres, intelligence n'étant pas synonyme de conscience.

Science et morale

Nous allons mentionner les problèmes posés par l'idée d'une éducation scientifique de la conscience :

▪ La conscience n'est pas un objet

La conscience infinie n'est pas un objet manipulable. Il est impossible de prendre la conscience d'un être et de l'enfermer dans un bocal. Lorsqu'on prête à la conscience le statut d'objet, on passe de la réalité au concept. Et ce dernier, pris pour un objet, a pour représentation mentale des qualités altruistes mais aussi ses émotions perturbatrices. La lucidité, l'aspect le plus important de la conscience, ne peut être représentée conceptuellement. En utilisant le concept de conscience (les sermons sur la morale par exemple), on peut atténuer les émotions perturbatrices et renforcer les aspects altruistes, mais on ne peut agir sur la conscience elle-même.

- **La conscience est individuelle**

La conscience dualiste, tout comme la sagesse, est individuelle, et seul l'individu y a accès. La conscience collective est un concept qui représente un ensemble de pensées communes à un certain nombre d'individus à un moment donné. Elle n'est qu'une variable statistique basée sur la ressemblance d'opinions individuelles. L'expression conscience collective est un abus de langage de deux manières : il ne s'agit pas de conscience, et le terme collectif est un concept qui transforme les individus en objets à des fins de gestion ou de discours, mais la connotation de « collectif » est un attribut du concept et non le la réalité qu'il est censé représenter qui elle ne peut être collective. En résumé, l'erreur inhérente à l'utilisation de l'expression « conscience collective » consiste en la transformation d'un individu en objet paramétrable afin de le traiter de manière mathématique.

- **La morale provient de la conscience**

Tout d'abord, il est facile de comprendre qu'un objet, un logiciel ou un algorithme n'a pas de morale puisqu'il n'est pas conscient. Il faudrait également examiner si la morale provient de la conscience ou si elle répond à une demande extérieure, par exemple à des nécessités liées à la vie en société.

Il est certain qu'une société dénuée de morale ou d'éthique

est invivable. S'il est permis de nuire aux autres, aucune paix n'est possible. La morale semble provenir d'un compromis consensuel permettant d'harmoniser les comportements extérieurs.

Cependant un individu peut être moral par nécessité conscientielle. Dans ce cas la morale semble venir de l'intérieur. On pourrait considérer que ce sont les pressions de l'extérieur qui l'ont conduit à cette conscience morale, que celle-ci provient de son éducation et de contacts avec les autres. Cependant l'argument d'une cause extérieure n'explique pas pourquoi il est nécessaire qu'un individu pratique la morale pour purifier son karma et parvenir à la sagesse.

En conclusion, on pourrait prendre l'hypothèse qu'il y a deux sortes de morale, ou que la morale provient à la fois de la conscience et du monde extérieur.

Dans l'hypothèse des deux morales, il y en aurait une première qui dépendrait de la société, et la seconde de la conscience individuelle. Certaines personnes oublieraient la morale conscientielle pour se contenter de celle qui pacifie la société, beaucoup plus souple que la première pour s'adapter aux modes et aux intérêts propres à une tribu particulière.

Dans la seconde hypothèse, dire que la morale vient à la fois de la conscience et de l'extérieur est une formule intéressante. On peut essayer de la préciser. Lorsqu'on est enfant, la morale provient d'un apprentissage (parents, école, etc.). En vieillissant, on est capable de trouver par son propre jugement ce qui est nuisible à soi-même et aux autres. C'est là qu'intervient la conscience, si elle n'est pas trop obscurcie. Bien sûr, lors de l'apprentissage, l'enfant a également besoin de sa conscience, car il ne s'agit pas d'une formation mécanique comme la lecture et le calcul. Pour que l'apprentissage de la morale fonctionne, il lui faut une espèce de sentiment inné de ce qui est bien et de ce qui est mal, mais il a besoin d'une confirmation par l'apprentissage et l'expérience.

La conscience dualiste étant une conscience souillée, il existe la possibilité de dérives qui proviennent de souillures extérieures et non de la conscience elle-même.

La morale est bénéfique d'un point de vue karmique. Nous savons que le karma est adventice par rapport à la sagesse. La positivité ou la négativité du karma (actes positifs ou négatifs) sont des indices qui permettent de trier ce qui est moral ou non, car nous n'avons pas accès à la conscience haute. Nous en sommes au stade du bricolage, et c'est en cela que la notion de karma est très utile pour comprendre et suivre la morale dans la vie quotidienne. Le karma peut servir de guide dans le domaine de la morale, mais il est évident que la sagesse n'a pas demandé au karma de servir de guide de moralité. Le lien entre la sagesse, la morale et le karma serait donc au minimum le suivant : un karma positif est un progrès vers la sagesse, un karma négatif est au contraire une régression vers plus de conditionnements ; tout karma positif est moral, tout karma négatif est immoral ; tout ce qui est moral s'approche de la sagesse, tout ce qui est immoral s'en éloigne.

Projetons cette hypothèse dans la société. Un acte peut être dans l'esprit (la pensée), par la parole, par le corps, ou une combinaison des trois. On peut distinguer trois éventualités courantes : la pensée seule, la pensée suivie d'une parole, la pensée suivie d'un acte. La société n'est concernée que par la parole et l'acte. La morale sociale répond à la morale karmique (oui aux actes bienveillants ou neutres, non aux actes nuisibles). Par contre elle est incomplète, car elle n'inclut pas les pensées. On peut donc considérer la morale sociale comme une version partielle de la morale karmique. En outre, la morale sociale peut être déviée, ce qui n'est pas le cas de la morale karmique. La morale sociale devrait toujours être en accord avec la morale karmique, et certains phénomènes de mode ne devraient pas être jugés moraux s'ils sont contraires à celle-ci.

- **La conscience ne provient pas de la morale**

La conscience précède l'action, et non l'inverse. Or la morale est l'action juste, elle suit donc la conscience. Par contre, il peut arriver que certaines actions erronées nous font prendre conscience d'une entorse à la morale, dans le cas par exemple où la conscience est intervenue trop tard, par manque de vigilance.

- **La morale donne un aperçu du niveau de conscience**

Le chemin permet de transformer les différentes consciences en sagesses. Dans ce chemin, il faut se libérer de tout ce qui n'est pas moral, parce que d'une part l'immoralité est négative karmiquement et d'autre part le sage est naturellement moral. Il est dit parfois que le sage est au-dessus de la morale. En effet ses actes peuvent nous paraître incompréhensibles selon les règles de la morale dualiste. Sa sphère de compréhension étant bien plus vaste que celle d'un individu ordinaire (elle dépasse une simple existence et elle prend en compte tous les êtres), il agira toujours pour le bien de chacun et de tous. Un comportement immoral montre un éloignement de la sagesse, et le degré de moralité peut donner un aperçu du niveau de conscience (c.-à-d. de son niveau d'obscurcissement par ce qui la voile).

- **Les consciences partielles ne sont pas la conscience**

Certaines autorités publiques créent une pseudo-conscience partielle censée régler les problèmes de la communauté. Ce n'est pas une mauvaise chose en soi, mais même si les règles énoncées sont affublées du titre de « conscience », il n'en s'agit pas d'une véritable mais d'un concept regroupant un ensemble de règles pour une bonne entente selon les critères propres de l'autorité et non selon la conscience.

Nous venons de parler de pseudo-conscience politique, il existe aussi des expressions comme conscience professionnelle, objection de conscience,...

La conscience professionnelle désigne l'honnêteté, le goût du travail bien fait en temps et en heure, un tarif non spéculatif, etc. c'est-à-dire un ensemble de qualités qui donnent confiance. Il y a bien dans cette conscience l'aspect moral de satisfaire un client, de ne pas lui nuire en fournissant un mauvais travail ou en demandant trop cher, et de ne pas nuire à soi-même par la satisfaction du travail bien fait. C'est une conscience individuelle partielle.

L'objection de conscience concerne le refus d'un engagement pour cause d'incompatibilité avec notre façon de voir les choses. C'est une conscience individuelle partielle.

- **La conscience vient d'en haut**

La plupart des opinions ne viennent pas du haut, puisqu'elles sont partisanes, qu'elles divisent parfois au lieu d'unir, et quand elles unissent, c'est un petit nombre souvent aux dépens de personnes extérieures à la communauté. Elles ont traversé la conscience souillée par le dualisme, les afflictions d'attachement, de haine et d'ignorance.

Pour parvenir à une conscience pure, il est donc nécessaire de se purifier de ses afflictions et de ses habitudes. Ainsi la conscience viendra du haut et la morale sera plus stable et plus sûre.

L'Intelligence dans un chemin de sagesse

Contrairement à l'intelligence dualiste ou matérialiste, l'intelligence spirituelle n'utilise pas de concepts, sauf en tant qu'amorces.

Ce qu'on appelle ici « intelligence » dans le cadre d'un chemin est l'ensemble des facultés qui permettent la transformation de la conscience en sagesse transcendante. C'est ce type d'intelligence qui permet d'arriver au seuil de la sagesse dans la science de l'esprit. Voici un exemple de ce qui peut être fait :

Au début du processus, le pratiquant se sert de l'intelligence ordinaire pour mettre de l'ordre dans son mental. Ensuite, il a besoin de développer une motivation particulière qui lui permet de dépasser ce type d'intelligence. Lorsque cette motivation est bien intégrée, il abandonne les concepts et se met à l'observation directe de l'intériorité afin de découvrir la vacuité du soi et des phénomènes. Le mode d'emploi des méditations n'est plus articulé autour de concepts mais de symboles qui guident le méditant dans l'intériorité.

L'intelligence ordinaire

L'intelligence ordinaire dualiste qui peut être utilisée au début du chemin est celle-là même qu'on applique en philosophie ou en science, mais son objectif est différent, car pour la science spirituelle cette intelligence n'est qu'un procédé provisoire élaborant une ossature symbolique pour la recherche intérieure. Par exemple le concept de vacuité, de vide de nature propre, permet de guider l'observation intérieure, mais ne peut en aucun cas être efficient dans la réalisation personnelle en tant que concept, c'est-à-dire que la compréhension intellectuelle de l'absence de nature propre des phénomènes ne mène à aucune réalisation, mais c'est bien cette notion qui convoque notre mode d'observation de l'esprit, et en cela elle est très utile.

La preuve de l'invalidité de la simple connaissance intellectuelle se trouve dans son inefficacité à éradiquer les perturbations mentales et les illusions, contrairement à une réalisation directe. Par contre, la compréhension de ce concept (de vacuité) s'avère profitable pour éviter de perdre du temps dans des méditations oiseuses, de simples errances dans les marais de la torpeur. Un autre problème de l'intelligence conceptuelle est la tendance à la fabrication : au lieu de voir vraiment en soi, on construit en imagination la vision demandée par le concept, et la recherche devient inefficace et même rétrograde.

La motivation

La motivation est souvent utile et même nécessaire car elle donne la force de persévérer dans un domaine qui n'est pas du goût de l'ego, en raison de sa nature de tout ramener à lui (l'ego est ici un raccourci pour l'esprit quand il est sous l'emprise de la dualité égotique). Cette motivation trouve son origine dans une prise de conscience du mal-être chez soi et chez les autres, et de l'impasse de toutes les solutions mondaines pour l'éradiquer. Elle prend parfois la forme du désir d'un ailleurs, et se nourrit de l'intuition qu'il existe une possibilité de trouver une issue. À ce propos, le premier enseignement du bouddha après son éveil « les quatre vérités des êtres nobles » donne des informations très utiles. Ce titre signifie « les quatre vérités selon les êtres éveillés ».

Elles sont la vérité du mal-être, de la cause du mal être, de la cessation du mal être et de la voie d'accès à cette cessation. La première vérité demande de vérifier que tout est mal-être, plus ou moins caché, même le bonheur. Cet examen permet de se libérer des premières illusions. La conséquence de cette connaissance du mal-être n'est pas de sombrer dans une neurasthénie stérile mais d'agir pour s'en libérer définitivement. Ceci est possible parce que le mal-être a des causes, et qu'on peut donc s'en affranchir en les éliminant par un chemin adéquat.

La motivation doit être bienveillante envers tous les êtres, visibles ou non, du passé, du présent et du futur, amis, ennemis, indifférents. Elle doit tout embrasser et non notre seul tableau affectif : nous-mêmes, nos proches, nos amis et les êtres de grande souffrance pour lesquels nous avons une compassion naturelle. Il est évident que nous ne pouvons pas connaître l'état ultime si nous sommes dans la haine, l'addiction, l'orgueil, etc. car nous ne faisons alors qu'alourdir notre bagage karmique, principal obstacle à l'éveil.

L'intelligence directe

Une fois terminée la clarification possible par l'intelligence ordinaire, et quand la motivation vers la sagesse est suffisante, l'intelligence directe peut être développée pour expérimenter l'intériorité dans ce qu'elle a de plus profond. Ce type d'intelligence n'est possible que lorsque l'esprit est calme suffisamment longtemps pour se concentrer en un point. Des efforts sont demandés au début, puis on parvient à une certaine stabilité. Au bout d'un temps très différent suivant les pratiquants, l'esprit demeure dans un état stable et clair. C'est dans cet état que peut commencer le travail de connaissance qui s'effectue en non-dualité, même s'il existe au début des prélèvements dans la dualité.

L'accès à un état de stabilité calme et clair demande du temps. Il est nécessaire de travailler le calme lui-même, la non perturbation vis-à-vis des phénomènes intérieurs. L'espace intérieur devient de plus en plus vaste. Il est également nécessaire de développer la clarté, notion qui ne se comprend bien qu'en méditant. Sans cette clarté, le risque est important de stagner dans une espèce de torpeur donnant une impression de bien-être, mais nuisible à la connaissance.

Ce calme et cette clarté ne s'acquièrent pas au moyen de la seule technique. Celui qui veut progresser doit aussi développer une compassion désintéressée universelle. Les méditations profondes doivent permettre d'éradiquer les émotions perturbatrices, mais la vie à l'extérieur doit être compatible avec le travail intérieur, c'est-à-dire qu'une discipline morale est nécessaire, ainsi que beaucoup de patience, de la générosité, un enthousiasme tourné vers le bien. Lorsqu'on essaie de se représenter la sagesse par l'intuition, on comprend facilement l'intérêt d'un certain comportement vis-à-vis des autres dans la vie quotidienne, on sent naturellement le besoin d'harmonie, les règles deviennent évidentes. Quand on se comporte d'une façon ouverte et généreuse, on se sent en accord avec la sagesse, même sans vraiment savoir ce qu'elle est.

Le discernement utilisé dans les méditations libératrices porte sur la vacuité du soi et des phénomènes, le « soi » étant lui-même un phénomène particulier qui joue le rôle de sujet dans la dualité « sujet objet ».

Il s'agit ici d'une sorte d'intelligence posée sur un point particulier, en l'occurrence la nature du phénomène. Lorsqu'on pratique la méditation directe, on ne cogite pas, et ce qu'on appelle « nature de » n'est pas forcément simple à comprendre. Si par exemple, on essaie de connaître la nature de la mer, la réponse serait « de l'eau ». Ici en méditation, le phénomène est invisible, inodore et sans saveur, un simple mouvement dans l'invisible, et c'est donc la nature de ce phénomène invisible, inodore et sans saveur qui est l'objet de l'observation.

Le terme « invisible » n'indique pas la nature du phénomène mais seulement l'incapacité inhérente à l'observation dualiste. On ne peut pas dire qu'il a une couleur, une forme, une durée, une localisation, etc. On ne peut absolument rien dire sur ce phénomène. Dans une méditation directe, on reconnaît spontanément tout cela, sans utiliser de mots.

Une fois la nature du phénomène réalisée, non pas observée, non pas expérimentée, mais réalisée, le phénomène ne peut plus nous affecter. En prenant la métaphore de la mer, où le phénomène serait une vague soumise à l'agitation de surface, nous serions transformés en eau, à l'abri de l'agitation des formes.

PARTIE II
MATÉRIALISME

Cette partie présente des investigations liées au matérialisme. La sagesse est un objectif spirituel, loin du matérialisme contraint de rejeter les hypothèses spirituelles dans le tiroir des utopies, en raison de sa perception partielle du monde et des êtres.

Au début du XXIe siècle, le matérialisme est l'idéologie dominante du monde occidental, et les différentes formes de spiritualité sont vues comme des transgressions à cette idéologie. On assiste à l'inversion des valeurs de l'« ère » précédente.

L'époque d'avant a vu la prise de pouvoir du matérialisme au fur et à mesure du déclin de la réalisation spirituelle et de sa compréhension. Avec le temps, une religion qui est d'abord un noyau de disciples autour d'un maître réalisé, perd sa fraîcheur spirituelle, il reste bien des formes mais plus de réalisation, les gestionnaires et les intellectuels prennent le pouvoir, et mettent en arrière plan les spirituels. Certains aspects profanes de la religion ont ôté le caractère sacré de sa perception aux yeux des fidèles par ailleurs de plus en plus attirés par la consommation de biens et la sécurité matérielles. Cette évolution matérialiste n'a pas empêché certains moines (ou moniales), ermites et laïcs de conserver le sens du spirituel.

Puisque le matérialisme est désormais notre base d'opinions, on peut en faire un tremplin vers la sagesse transcendante, puisqu'on l'atteint en partant de ce que l'on est pour parvenir à une réalité plus globale et plus pure, capable de libérer des conditionnements.

Pour accomplir un chemin de sagesse, il est important de reconnaître les défauts du matérialisme et l'apport de l'idée de transcendance, ce qui permet de donner une chance à la balance « matériel / spirituel » de pencher peu à peu vers le spirituel.

◦ Bivouacs 5

Au-dessus du grouillement terrestre
Le soleil éclaire sans avarice
Tous les êtres sous ses rayons...
Il prend soin d'eux
Comme une mère ou un père
Ils sont tous ses enfants
Quand il brille là-haut
Et donne le nom de jour...

Certaines nuits sont claires
Sous le rayon de la lune
Qui telle un miroir
Renvoie les rayons du soleil...
Elle est une source indirecte
L'écho mystérieux
Un écran onirique
De la lumière du jour...

En nous se trouve une lumière
Qui jamais ne faiblit...
Délaissant les lumières passagères
Des chemins caillouteux
Elle se révèle en son immensité...
Elle était déjà là
Sans que nous le sachions
Voilée par les nuages de pensées
Pendant les jours sans ciel
Et les cavernes obscures
Des nuits les plus opaques...

Trouvons cette lumière
Qui n'a ni centre ni périphérie
Elle n'est pas physique
Et règne partout et toujours
La conscience d'origine...
Est-ce que nous serions sans elle ?

Tous les êtres
Ont été un jour
L'un de nos parents...
Voyons les ainsi...
Tous méritent notre gratitude
Et notre compassion
Tous les êtres, sans exception
De tous les mondes
Et de tous les temps...

INTERROGATIONS SUSPENDUES – CAHIER N°2

Le mirage

Collection d'opinions que le lecteur remplacera avantageusement par les siennes

Ce chapitre explique la signification du mot « mirage » adoptée dans ce cahier.

Du bas de notre strapontin mondain, c'est-à-dire depuis notre naissance sur terre jusqu'à la mort, nous ne pouvons pas connaître véritablement ce que nous sommes ultimement, ni même avoir l'intuition de l'existence de l'ultime. Pour l'esprit dualiste, l'ultime demeure une hypothèse, acceptée ou refusée. L'ultime peut être considéré comme ce qui reste lorsqu'on a enlevé les oripeaux de l'incarnation, c'est-à-dire ce qui est impermanent, et comme on ne connaît justement sur terre que l'impermanence, l'ultime est pour nous de l'ordre du transcendant, en ce sens qu'il dépasse nos capacités de connaissance.

Les êtres éveillés ont réalisé l'ultime, ce qui ne les empêche pas d'émaner sur terre ou dans d'autres lieux pour aider les êtres à se libérer du mal-être inhérent au cycle des existences conditionnées. La révélation de l'ultime chez un être est nécessaire pour qu'il se libère définitivement de la souffrance générée par le processus karmique.

Au regard de l'ultime, le théâtre mondain, notre existence en ce monde, n'est qu'un mirage, une séquence d'apparitions sans la moindre essence, un peu comme dans un rêve. Notre ego est également un mirage, il en est le centre.

Dans la suite du texte, on ramènera à la mémoire l'existence de l'ultime et en même temps les bienfaits de la bienveillance et de la compassion universelle par une pensée de rappel utilisant une forme minimale de « la prise et du don ».

Le mirage rappelle que nous vivons dans une existence conditionnée sans nature profonde, avec les lunettes de la dualité, en exil de l'union à l'ultime.

Les pensées de bienveillance et de compassion aident à inverser nos habitudes égotiques qui consistent à prendre pour soi le meilleur et à donner aux autres les soucis et les souffrances.

Voici la forme générale de cette « prise et don » :

> … En tant que mirage impermanent
> j'absorbe les souffrances d'autrui
> et leur offre le bonheur
> Tout est semblable à un rêve…

Le plus souvent, une version simplifiée, qui utilise la ponctuation […] pour exprimer que cette pensée n'a aucune réalité pour l'état ultime :

> […] J'absorbe les souffrances d'autrui
> et leur offre le bonheur. […]

La prise et le don (tonglen) est une méthode utilisée dans le bouddhisme pour développer des tendances propices à la réalisation de l'éveil. On prend les souffrances des autres (prise) et on leur offre le bonheur (don), comme si on échangeait notre bonheur contre leur mal-être. Il s'agit donc d'un développement de la compassion qui réduit la propension égoïste et instinctive à prendre le bonheur pour soi et à rejeter la souffrance chez les autres.

Parmi les gens avec lesquels nous sommes ou nous serons en relation, il en existe qu'on apprécie, d'autres qui nous déplaisent, et d'autres encore qui nous laissent indifférents. Aussi longtemps que nous ne sommes pas éveillés, c'est ainsi. Cependant, pour parvenir au bonheur durable et à la sagesse, il est nécessaire d'être bienveillants envers tous les êtres. La prise et le don permet une relation généreuse sans hostilité, même vis-à-vis de personnes qui nous agacent, nous contrarient, nous injurient, etc.

Dans cette pratique tirée de l'« entraînement de l'esprit (lodjong) », ce processus d'échange s'effectue dans un état d'esprit qu'on appelle « naturel », où l'esprit n'est plus perturbé par les pensées, les émotions et les images, un esprit sans ego, le seul qui permet l'éveil.

Dans le minuscule exercice de « prise et don », qui est effectué en dehors d'une pratique formelle, on se souvient que l'échange n'a aucune incidence sur l'ultime en l'introduisant par : « En tant que mirage impermanent... » et en le terminant par « Tout est semblable à un rêve ». Par ces formules, nous ne nous voyons pas comme sujet de l'acte de compassion, et toute idée d'intéressement est éliminée.

Il peut paraître surprenant de prendre sur soi les souffrances d'une personne funeste, d'un dictateur par exemple, alors que notre intuition nous dicterait de le haïr et même de nous venger de ses atrocités, mais c'est oublier que cette personne est un être qui mourra et dont les actes sont soumis à une rétribution karmique, tout comme nous. La solution du problème n'est pas l'élimination du dictateur mais de la haine, de l'orgueil et de la cruauté. Ce sont ces afflictions qui doivent être expulsées de son esprit, et c'est de cette façon qu'on élimine un dictateur. Au départ il y a chez lui une souffrance, un mal-être, peut-être même une impossibilité de vivre, et son ignorance le pousse à désigner autrui comme responsable de ce mal-être. Ceci est inconscient, et au final les autres deviennent les bouc-émissaires de sa souffrance qui est d'autant plus grande que ses afflictions sont nombreuses et intenses.

Ce processus peut être observé chez soi-même, à un degré de moindre gravité. Lorsqu'on est de mauvaise humeur, on prend les autres comme boucs-émissaires de notre mal-être, et on les blesse pour des raisons futiles au lieu de les supporter comme on le fait d'habitude.

En résumé la pratique de la prise et du don permet d'orienter notre mental vers une ouverture bienveillante et de réduire ainsi la domination de l'ego, puissant obstacle à la sagesse.

Les défauts du matérialisme

Collection d'opinions que le lecteur remplacera avantageusement par les siennes

Ce chapitre présente les défauts du matérialisme dans un chemin.

Les paragraphes qui suivent abordent les sujets suivants :
- La matière
- La matière en science physique
- Définition du matérialisme
- Le matérialisme dans la technologie
- Le sens de la vie
- Horizontalité
- La réalité matérialiste
- Matérialisme et ego
- Matérialisme et naissance
- Défauts de l'hypothèse matérialiste

La matière

La nature, le milieu dans lequel nous vivons, nous apparaît comme une composition matérielle. Ceci est évident pour tous, que l'on se soit penché ou non sur la nature profonde de ce qu'on appelle matière. De cette dernière, la vue nous propose des formes et des couleurs variées, l'ouïe des bruits et des sons, l'odorat des odeurs, le goût des saveurs, et le toucher diverses sensations dont la solidité, l'impénétrabilité, la douceur, etc. Toutes ces variétés de perceptions nous paraissent extrêmement cohérentes.

L'esprit saisit des concepts à partir de ces éléments extérieurs, et il intervient également dans le déclenchement des organes d'action permettant d'agir sur l'extérieur.

La matière, telle que définie dans ce cahier, est constituée de tous les phénomènes qui apparaissent dans le mental par l'intermédiaire des sens et sur lesquels on peut agir par les organes d'action. Elle apparaît donc comme ce qui est expérimenté par la sphère* sensorielle et la conceptualisation associée.

Le problème avec la matière est qu'elle est pensée comme un ensemble de composés autonomes et permanents, puisque c'est ainsi qu'elle se manifeste dans le quotidien, alors qu'après analyse elle est changeante et dépendante.

Puisque nous nous intéressons ici à la sagesse, nous cherchons à nous libérer de cette illusion de permanence et d'autonomie. Le reste, les aspects scientifiques et esthétiques par exemple, sont ici hors sujet puisqu'ils ne permettent pas une connaissance ultime, la seule pourvoyeuse de sagesse.

La matière en science physique

En physique quantique, la matière perd l'apparence que lui prête la perception humaine. On s'y affaire dans des expérimentations utilisant des appareillages sophistiqués. Les choses paraissent moins déterminées ; aussi calcule-t-on des probabilités de présence. Dans l'infiniment petit, on n'a pas vraiment de mouvement, de déplacement, mais on trouve plutôt des phénomènes d'apparition disparition. On ne retrouve la perception classique qu'à une échelle statistique.

Ceci laisse entrevoir que la perception classique, matérialiste, n'est qu'une perception parmi d'autres, qu'elle est fabriquée et non absolue. La matière n'existe pas de la façon dont on la croit exister.

La perception humaine est une vue élaborée par le mental à partir de stimuli sensoriels. En sciences physiques, la perception de la matière est une perspective également élaborée par le mental, mais à partir d'échantillons d'expériences nécessitant un appareillage complexe. La matière est interrogée d'une certaine façon ; des calculs sont faits et une théorie est établie. Les expériences permettent d'élaborer un modèle de matière, une pseudo-matière « concomitante » à base de concepts qui permettent ensuite des applications techniques. Comme l'appareillage s'améliore au cours du temps, des expériences plus fines peuvent amener de nouveaux modèles, de nouvelles théories, ce qui rend la perception scientifique de la matière assez instable. Ce défaut de stabilité ainsi que l'ignorance de l'intériorité, empêchent la science de servir de base à un cheminement.

Définition du matérialisme

Dans le quotidien, on emploie le mot matérialisme sans penser vraiment à sa racine : la matière. Le matérialisme devient ainsi une espèce de slogan auquel on adhère ou non suivant nos tendances, l'opinion de nos parents, notre culture, l'influence des médias, c'est-à-dire en fonction de nos conditionnements.

Ainsi pour certains, les matérialistes sont des gens qui ne pensent qu'à l'argent et au confort matériel. Pour d'autres ce sont ceux qui placent les choses matérielles avant le chemin spirituel, la spiritualité étant généralement définie de manière vague. Pour d'autres encore le matérialisme concerne la réalité et le spirituel les utopies. On trouve également l'opinion selon laquelle les matérialistes sont ceux qui rejettent les religions...

Dans ce cahier on prend la définition suivante : le matérialisme consiste à croire que l'esprit provient de la matière contrairement à l'hypothèse spirituelle pour laquelle la matière a pour origine l'esprit. En ce sens le matérialisme et l'hypothèse spirituelle sont opposés.

Est-ce que la matière peut exister sans esprit ? S'il n'y a pas d'esprit pour percevoir la matière, l'existence ou non de celle-ci n'a pas d'importance puisqu'il n'y a personne pour y accéder. Métaphoriquement, il est inutile de projeter un film dans une salle de cinéma vide de spectateurs.

Est-ce que l'esprit peut exister sans la matière ? Si c'était le cas, il y aurait des aspects de l'esprit immatériels. On pourrait même imaginer qu'ils communiquent entre eux sans passer par des organes sensoriels. Sinon, si l'esprit n'existait pas sans la matière, sans le corps, il disparaîtrait juste avant la décomposition de celui-ci. En effet, s'il disparaissait après, il subsisterait pendant un moment en l'absence de corps, ce qui est contraire à l'hypothèse. Or, certains yogis continuent de méditer après leur mort clinique, ce qui est, dans leur cas, contraire à l'hypothèse de l'esprit disparaissant juste avant la matière. En conclusion l'hypothèse de l'esprit n'existant pas sans la matière, l'option matérialiste, est moins évidente qu'elle ne paraît de prime abord.

Le matérialisme considère que l'esprit, c'est-à-dire la conscience, est une émanation de la matière, certains intellectuels s'interrogeant même sur le niveau de la matière capable de produire ce phénomène. Ce genre de recherche risque de ne pas avoir de fin. En outre il est peu probable qu'une conscience puisse être isolée par un appareillage scientifique ou expliquée par un concept, du fait de sa nature infinie. Même la conscience dualiste ne peut exister sans la conscience haute dont elle n'est qu'un mode dégradé.

Intuitivement également, il est difficile d'imaginer que la matière finie, du fait qu'elle a une forme, puisse produire une conscience infinie. Elle peut émaner une onde, mais cette onde n'étant pas consciente ne serait encore qu'un véhicule.

Dans la vie quotidienne, un matérialiste aura une tendance plus marquée à saisir les choses qu'un spirituel puisqu'il croit en leur existence substantielle. Il sera poussé à saisir une pensée comme il saisit une chaise, et cette réaction produit du karma, ce qui est préjudiciable sur un chemin. Nous parlons ici d'un spirituel qui a réalisé l'absence d'essence des phénomènes et non d'un spirituel en début de chemin.

On peut également situer le matérialisme par rapport à nos occupations au quotidien. Quand par exemple on s'occupe de notre corps, quand on s'adonne à un travail manuel, on est matérialiste ; quand on passe son temps dans des pensées on est un intellectuel ; et dans les moments où l'on dépasse les pensées, comme dans la méditation, on aborde la spiritualité.

Le matérialisme de la technologie

La technologie est l'ensemble des savoirs techniques. Elle s'applique à la manipulation de phénomènes matériels. Cependant, elle a tendance à dépasser son rôle en s'occupant de l'esprit, comme si elle voulait accomplir la revanche de la matière sur l'esprit. Elle ne peut toucher l'esprit lui-même mais seulement le support de l'esprit dualiste, en particulier le cerveau.

Ce qui est appelé technologie dans ce paragraphe n'est pas la technologie elle-même, utile dans certains domaines, mais ses excès, ses utilisations contraires à l'éthique ou absurdes, ses effets nuisibles sur les voiles de la conscience et ses obstacles à la sagesse. La technologie oblige l'homme à s'adapter à la technique, et à créer en lui un labyrinthe technico-conceptuel lui voilant de plus en plus la réalité naturelle issue des sens qui permet une harmonie avec la nature. La technologie ressemble souvent à un blindé qui écrase les fleurs d'un champ pour y poser des mines de désenchantement.

Comme souvent, en l'absence d'excès tout se passe bien. L'abus dans le domaine technologique résulte en général d'une propagande mercantile, opaque à la santé et à l'éthique, qui a tendance à fabriquer des esclaves aussi manipulables que des bébés en manque de joujou.

La technologie obscurcit la conscience par une accumulation de pensées machinales, utilitaires et grises. Elle rétrograde l'intelligence humaine au rang d'intelligence artificielle, inconsciente, sans véritable liberté. Elle pousse la pensée à s'engager dans un canevas d'actions aux seuls intérêts pratiques. La vue d'ensemble disparaît au profit de vues partielles, étroites, remplissant l'espace mental de réseaux adventices, et c'est cet asservissement du mental qui pose problème dans le cadre d'une conscience saine et plus encore dans celui d'un cheminement.

À l'apprentissage professionnel et social s'ajoute une dépendance à un bourbier de type réglementaire sans valeur humaine. La manipulation d'outils technologiques comme les téléphones mobiles accentue l'existence virtuelle, introduit dans une existence parallèle, rend addict et divertit quelque temps du mal-être sans le soigner et encore moins le guérir.

La technologie est extrêmement handicapante pour comprendre le monde, puisqu'en le manipulant il devient dénaturé, déséquilibrant, déracinant, éloigné de toute harmonie. Même si le monde est une invention, son évolution naturelle suit des règles interdépendantes et complexes qui ne peuvent se ramener à celles de la technologie.

Son but paraît le confort, mais elle finit par devenir une caricature inutile, dont seule une propagande pernicieuse peut vanter les mérites.

Par son obscurcissement de la conscience, la technologie est un obstacle sur la voie de sagesse, puisqu'un esprit technologique peut difficilement freiner sa suractivité conceptuelle mécanique pour s'engager dans des pratiques bienveillantes favorables à l'ouverture, l'harmonie, la paix et la sagesse.

Pour comprendre l'obscurcissement technologique, il suffit de se mettre dans un esprit calme et panoramique, de considérer les instants passés dans des processus technologiques pendant la journée, de se souvenir de l'état mental dans lequel on était pendant ces occupations, de ressentir si cela ressemblait à un été bienveillant ou à un hiver froid et gris, saupoudré d'excitations et d'inquiétudes. Pensons aussi à notre état mental quand nous nous sommes énervés par ignorance du mode d'emploi d'un outil informatique, etc.

La technologie oblige notre volonté à se plier à une exigence factice programmée dans un appareillage. Nous prenons alors des habitudes d'action et de pensée conformes à ces programmes. Notre volonté se calquant peu à peu sur la planification des concepteurs d'algorithmes, nous devenons de plus en plus semblables, des sortes de clones, selon un modèle de pensée standardisée, voire unique. Ceci semble parfait, mais en nous moulant à ces systèmes conceptuels extérieurs, nous ne sommes plus tout à fait nous. Dès lors, le risque est grand d'accepter une information délétère, surtout chez les personnes qui se comportent en mode* croyance.

En quoi peut-il être gênant d'être tous semblables, puisque cette caractéristique devrait au contraire faciliter les relations ?

Réponses :

- La technologie rend la conscience plus étroite, son aspect panoramique disparaît, la relation de présence liée à la claire vastitude de la conscience est affaiblie, nous entrons dans l'univers de la fourmi, etc.

- La vie ne consiste pas à être identique aux autres mais à être soi-même, à comprendre les autres et à les considérer avec bienveillance. Chaque karma étant différent, les conditions et les solutions de vie diffèrent pour chaque être.

- La technologie (abusive) est un détournement de la conscience qui perd peu à peu ses possibilités de verticalité.

Le sens de la vie

Le sens de la vie peut se limiter à jouir du présent, à fonder une famille, à faire carrière, à devenir riche, connu, savant, à réussir en amour, en amitié, etc. mais il peut être regardé avec une vue plus large en tant que direction à prendre pour un futur favorable et positif.

Le matérialiste, pour lequel l'esprit émane de la matière, a un horizon qui ne dépasse pas la vie présente limitée par la durée de vie du corps. Pour le futur, il trouve un succédané de sens dans sa progéniture, ses œuvres et ses idéaux. Ainsi il peut léguer une part de ses biens à ses enfants ; il peut continuer son œuvre, par exemple la direction d'une entreprise, en passant le relais à l'un de ses enfants ; il peut également offrir une partie de sa fortune à des institutions qui s'accordent à son idéal, etc.

Il a en lui la croyance que le couple « corps ego » peut transmettre quelque chose, c'est-à-dire qu'il posséderait des biens, des savoirs, etc. et que ceux-ci iraient à d'autres « corps egos » après sa mort. Il faut cependant différencier ce qui est transmis à la famille, de nature plutôt égoïste, et le don fait à des associations humanitaires ou spirituelles, de nature altruiste, qui aura des effets positifs dans les vies futures (inexistantes d'après ses croyances).

Quant à lui, émanation de la matière, il deviendra poussière puis il disparaîtra. Il faut un grand courage pour devenir rien, d'autant plus que ce fameux « rien » n'a jamais été observé. Quant à la référence à la poussière, elle concerne évidemment le corps. Dans la vision matérialiste, la mort du corps entraîne la disparition complète de sa banlieue subtile. Cela se passe un peu à la façon d'une bûche de bois qui brûle : lorsqu'il n'y a plus de bois, les flammes s'éteignent. Dans cette métaphore la bûche est le corps et les flammes la vie.

Le sens serait ici la réussite d'une transmission matérielle ou éducative de génération en génération. Autre hypothèse : la vie serait seulement là pour la beauté du geste, et les souffrances seraient le prix à payer pour bénéficier de périodes de bonheur et de plaisir.

Dans les visions spirituelles avec renaissance, la transmission aux héritiers est également prise en compte, mais il y a en plus la rétribution karmique qui viendra à maturité dans les vies futures.

Une autre façon d'aborder le sens de la vie est de dire qu'elle n'en a pas, qu'elle est le fruit du hasard.

Plus généralement, il existe un problème de base dans cet examen du sens de la vie, c'est de trouver le sens du mot sens, car si ce dernier n'a pas de sens, il n'y a aucune raison de chercher un sens à quoi que ce soit. Ce serait un peu comme vouloir escalader une plaine.

Le mot « sens » répond probablement à un besoin. Le panneau « toutes directions » peut suffire un moment, mais nous sentons au cours de la vie qu'il faut trouver une direction particulière que nous sentons nous correspondre. Le sens du corps, c'est de grandir, venir à maturité, puis faiblir et se décomposer. Pour l'esprit, tel qu'il est vu dans l'hypothèse matérialiste, c'est de combler sa famille, de s'enrichir de savoirs, d'avoir une impression de vie pleine… L'esprit acquiert toute sa capacité puis faiblit et disparaît à la mort. Dans ce schéma, le sens de la vie de l'esprit n'est pas le même que dans l'hypothèse spirituelle où l'esprit est bien plus vaste et ne disparaît pas en même temps que le corps.

Le matérialiste peut être généreux, bienveillant, etc. pour des considérations sociales ou pour le bonheur que cela lui procure (on se sent bien après une bonne action). Comme il ne sait pas d'où vient ce bonheur, il se contente d'affirmer que c'est humain, ce qui lui permet de ne pas approfondir la question.

Le concept de croyance se rapporte à un phénomène que l'on

ne peut ni prouver ni expérimenter. L'hypothèse matérialiste oblige en la « croyance qu'il n'y a pas de vie après la mort », même s'il préfère déclarer qu'« il doute qu'il y ait une vie après la mort », ou qu'« il ne croit pas qu'il y ait une vie après la mort », comme s'il était humiliant d'être associé à l'idée de « croire » tandis que son contraire passait mieux dans son tribunal intérieur. Ainsi il déprécie le mot croyance, pour se convaincre que son opinion n'est pas une croyance mais une vérité, la croyance étant réservée aux êtres infantiles, sans jugement. Il ignore sans doute qu'il vit à chaque instant dans la croyance.

Il est évident que la non croyance en des vies futures est également une croyance, puisque cette proposition ne peut être démontrée.

Puisqu'on s'intéresse ici à la sagesse, il est intéressant d'examiner le genre d'affliction qui porte le matérialiste à rejeter la croyance. La première hypothèse qui vient à l'esprit est l'orgueil. Un orgueilleux sait tout, il n'a pas besoin de croire en quoi que ce soit, et c'est ce même orgueil qui l'empêche d'aller fouiller dans son intériorité pour savoir en quoi consiste exactement ce moi qui sait tout.

Horizontalité

Dans la nature, l'horizontale est terrestre tandis que la verticale est dirigée vers le ciel. Lorsqu'un être humain se déplace à l'horizontale, il n'a aucun effort à fournir, ce déplacement lui paraît naturel, tandis qu'une ascension demande un certain effort.

L'horizontale est karmique, la verticale spirituelle.

Dans la vie intérieure, l'horizontale est formée des concepts, des images, des émotions et des sensations, tandis que la verticale est la conscience affranchie de la domination de ces phénomènes. Passer de l'horizontale à la verticale demande des efforts pour se libérer de l'asservissement aux pensées, émotions et concepts.

Le matérialisme se contente d'horizontalité, puisqu'il propose une interdépendance de concepts, tandis que la verticalité est un axe dirigé vers l'essence des choses, appartenant au domaine de la spiritualité.

Il existe de fausses verticalités dans le théâtre mondain, dont un exemple est la hiérarchie. Ces verticalités sont extérieures, et si elles concernent certaines gradations dans les capacités cognitives ou autres, elles ne dépassent jamais l'esprit dualiste dont l'abandon est pourtant la marque de la véritable verticalité.

La réalité matérialiste

Pour le matérialiste, la réalité se confond avec la vérité sensorielle conceptualisée. Cette réalité peut avoir un énoncé populaire ou scientifique. On y trouve des notions de substance, d'objets, de soi.

La réalité matérialiste est faite de formes, de couleurs, de sons, d'odeurs, de saveurs et de sensations tactiles. Les formes et les couleurs semblent contenues dans un espace. S'installe également une idée de temps, pour donner une rationalité à notre perception des mouvements du corps et de l'environnement. En dehors de cela, il n'y a rien. Supposons que nous coupons nos cinq sens : tout à disparu. Il ne reste que les émotions, les sensations internes, les pensées et les images intérieures, des phénomènes qui nous semblent éphémères et propres à notre existence individuelle, que nous pourrions considérer comme une réalité intérieure à laquelle manque cette qualité de réalité de la perception extérieure. La réalité venant de l'extérieur paraît vraiment réelle, tandis que celle qui nous est propre ne semble qu'une manifestation imaginaire.

Dans un chemin de sagesse, croire que la réalité extérieure sensorielle est la réalité véritable, la réalité absolue, la seule réalité, est plutôt un obstacle. Il est préférable de la considérer comme une réalité relative, valable dans cette incarnation, et ne représentant qu'un aspect restreint de la réalité. Dans ce domaine, il indispensable de passer du mode* croyance au mode discernement.

En dehors de la réalité grossière, il existe une réalité élaborée par les scientifiques à partir d'expériences sur le monde matériel. Cette réalité, intéressante d'un point de vue relatif, n'apporte rien sur la connaissance de notre être profond, et n'est donc pas utile sur un chemin, sauf si elle permet de réaliser l'impasse de la science pour ce qui concerne l'ultime. La découverte de cette impasse peut déclencher une motivation pour s'engager dans l'énigme de l'intériorité ; ce peut être un point de départ pour compléter la connaissance extérieure par la connaissance intérieure du sujet connaissant.

Pour celui qui s'intéresse à la sagesse, la réalité scientifique n'est qu'un modèle, une espèce de rêve échafaudé à côté de la réalité naturelle, qui éloigne encore de la réalité ultime par son interrogation invasive de la nature et ses nombreux concepts surajoutés.

Remarque : Est-il nécessaire de rappeler que les opinions couchées dans ce cahier servent de prétexte pour amorcer chez le lecteur l'examen de ses propres opinions ? C'est comme si on avait laissé des taches sur une page blanche, des pâtés d'écolier, comme seules indications de la marche à suivre.

Deux cycles, deux objectifs

À propos de la réalité matérialiste, nous allons comparer deux cycles dans lesquels la production mentale s'insère de façon différente.

L'étagement général proposé pour cette étude se compose de l'ultime, du mental, du sensoriel et de la nature. Le point de départ est toujours le mental ; c'est à cet étage que loge notre conscience dans la vie ordinaire.

En premier lieu, il existe le circuit méditatif formé des étapes suivantes : « mental, méditation libératrice, ultime ». La méditation* libératrice est une pratique de l'intériorité qui permet d'atteindre la sagesse. Le mental est placé dans un état stable et non égotique qui permet l'accès à l'ultime.

D'autre part, il existe un premier circuit scientifique formé des étapes suivantes : « mental, expérience scientifique, nature », et un second formé des étapes : « mental, théorie ».

Ces deux circuits s'imbriquent.

Le premier circuit scientifique correspond à l'aspect expérimental de la science qui interroge la nature à partir d'échantillons en utilisant l'esprit dualiste. On élabore un appareillage capable de répondre à des interrogations particulières adaptées aux a priori intuitifs des scientifiques. On recueille ainsi des informations brutes.

Le deuxième circuit correspond à l'aspect théorique de la science qui permet de formuler conceptuellement des relations entre les mesures des phénomènes. Cet aspect permet des applications techniques et parfois également l'élaboration de philosophies sur la nature.

L'utilisation de l'esprit dualiste dans ces deux circuits empêche la science d'accéder à l'ultime.

Si on regarde la manifestation (tout ce qui apparaît) sous forme de « graines » qui s'épanouissent à chaque instant pour rendre la manifestation effective, on obtient le cycle suivant : « graines - épanouissement de graines - système sensoriel - conscience - graines ». L'esprit dualiste ne connaît que les aspects « système sensoriel - conscience », tandis que l'esprit libéré du dualisme connaît les aspects « graines - graines ». Un esprit au-delà du dualisme et du non-dualisme (au-delà du samsara et du nirvana) connaîtra la chaîne complète.

Nature et harmonie

Il a fallu une quantité indénombrable de millénaires pour que l'esprit élabore la nature par extériorisation de phénomènes intérieurs. Cette nature correspond donc à notre passé, et il semble qu'elle soit nécessaire à une certaine harmonie, un certain équilibre chez l'homme, et vraisemblablement chez les autres êtres terrestres. Cette nature est d'autant plus respectable qu'elle n'est pas seulement notre passé, mais aussi notre environnement et notre corps. L'harmonie avec la nature permet un ressenti plus complet de nous-mêmes. Elle fait de nous des habitants habités.

La technologie superpose à la nature un monde issu de concepts artificiels qui éloigne l'être de la nature et de sa nature. Cet être incomplet, suréquipé de concepts déconnectés et « sous-naturé » va également s'éloigner de la sagesse, laquelle a besoin d'ouverture et de complétude. La technologie est certainement un danger pour les capacités libératoires de l'homme.

Matérialisme et ego

Se basant sur des données sensorielles et des arguments conceptuels, le matérialisme fait nécessairement intervenir l'ego. En effet, les phénomènes sensoriels perçus sont isolés par un sujet pensant et impliqués dans des arguments eux-mêmes égotiques. Le matérialisme se situe donc dans la dualité et ne peut s'en échapper.

Cette perception convient parfaitement au théâtre mondain, mais son impossibilité de sortir du dualisme la rend insuffisante sur un chemin. On rappelle que la réalité relative n'est pas mise en doute dans ce cahier, elle est seulement abandonnée dans les pratiques profondes du chemin.

Le matérialisme sous-entend la présence d'un ego, mais qu'en est-il de la réciproque ? Est-ce que la croyance en un ego implique le matérialisme ? Dans le monde relatif, dans le théâtre mondain, l'ego subsiste jusqu'à l'éveil c'est-à-dire chez tout le monde, à quelques exceptions près. On peut affirmer, d'après la définition que l'on donne de l'ego, du matérialiste et du spirituel dans ce cahier, que l'ego existe aussi bien chez les matérialistes que chez les spirituels, mais tandis que ces derniers tentent de s'en libérer, les matérialistes, en rejetant toute transcendance, se ferment eux-même à cette possibilité.

Chez le spirituel, l'ego deviendra de moins en moins arrogant au cours de la progression vers la sagesse. Il vivra de manière plus transparente les choses, l'environnement, les autres et lui-même. Son besoin de blindage ou d'inconscience pour tenir les chocs diminuera. La vie du spirituel sera plus agréable, il n'aura pas à « lutter » pour maintenir son « moi », mais il devra être plus vigilant et plus attentionné vis-à-vis de tout ce qui entre en relation avec lui. Il sera certainement plus conscient de ses afflictions, et cette lucidité peut apporter une certaine souffrance qu'il devra prendre en patience pour progresser vers l'éveil.

Le terme « transparent » désigne la capacité à ne pas être perturbé par les obstacles, comme si ceux-ci et nous-mêmes étions transparents et immatériels. C'est donc l'inverse du blindage par lequel on cherche à se protéger de l'altérité en plaçant devant elle un bouclier qui lui résiste. Être transparent c'est donc absorber les situations quelles qu'elles soient dans l'essence tranquille de notre être, tandis qu'être blindé demande de créer une distance entre la situation et nous-mêmes.

Au vu de la souffrance que peut apporter la prise de conscience de certaines de nos afflictions, il ne faudrait pas déduire qu'une souffrance volontaire serait un moyen efficace pour nous faire progresser vers l'éveil. Il existe une interprétation stupide du rôle de la souffrance qui consiste à se faire souffrir volontairement (en se flagellant par exemple), croyant ainsi faire de grands bonds vers la sagesse. Accepter (observer la présence sans réaction de colère) une souffrance qui nous touche par la faute du karma par exemple est très sain, mais chercher la souffrance pour elle-même est au contraire insalubre, car cette pratique fait intervenir la volonté, et a pour résultat de renforcer encore le « moi » et son cortège de souffrances.

> [...] J'absorbe les souffrances des êtres générées par la croyance en l'ego,
> Et je leur offre tout le bonheur accumulé depuis les temps sans commencement. [...]

Matérialisme et naissance

L'attitude envers le moment de naissance est différente suivant que l'on suit l'une ou l'autre des hypothèses : matérialiste ou spirituelle.

Cas du matérialisme

Le matérialiste s'appuie sur des données biologiques. Faute de connaître les hypothèses scientifiques ou médicales actuelles concernant la date de la naissance, l'auteur de ces lignes va se baser sur l'âge légal de l'enfant au-delà duquel une femme ne peut plus avorter. Cet âge dépend des pays, et en France il est actuellement de douze semaines. On peut en déduire que l'enfant est considéré comme vraiment né environ trois mois après sa conception. Puisque pour le matérialisme la conscience est issue de la matière, cette nouvelle conscience apparaît donc vers trois mois. Avant cela, l'embryon est regardé comme dénué de conscience, et l'avortement n'est qu'un acte chirurgical sans incidence sur la vie d'un être.

Cas des spirituels

Dans l'hypothèse spirituelle, la naissance a lieu au moment de la conception. Il n'y a pas d'intervalle sans conscience entre la conception et la naissance. Chaque tradition spirituelle donne ses propres arguments qui diffèrent plus ou moins des autres, mais toutes semblent parvenir au résultat que la naissance a lieu au moment de la conception.

Dans le bouddhisme par exemple, la renaissance à lieu lorsque l'esprit du « mort » candidat à une nouvelle naissance s'unit à l'embryon. L'avortement, qui se produit bien après cette union, est donc un acte négatif, comparable à un homicide, qui crée une empreinte karmique négative dans le continuum de conscience de celles et ceux qui y participent.

Le karma est une loi assez mécanique qui ne prend pas en compte les justifications humaines (l'empreinte une fois intégrée à la conscience, son effet sera irrémédiable). En conclusion, lorsque l'erreur est commise, elle doit être traitée de la manière dont on gère les actes très négatifs.

Si une femme avorte, il lui est plus profitable de sauver la vie de nombreux animaux par exemple, comme acheter du poisson vivant et le rejeter à la mer, que de se culpabiliser, et pire encore de se fouetter psychiquement cent fois par jour. Il est important également de considérer cet acte comme une erreur (due par exemple à une confusion intérieure, à un sentiment d'impasse advenu en des circonstances particulières) que comme une futilité sans conséquences. Dénier que l'avortement consiste à ôter une vie afin de se donner bonne conscience, n'est pas une solution, puisque la loi du karma s'applique en dépit des modes et éthiques du moment. Une empreinte négative affecte aussi, à différents degrés, le père et ceux qui participent à l'avortement, même par la pensée. L'intensité de l'effet karmique n'étant connu que des êtres pleinement éveillés, ce qui est écrit ici exprime une idée générale, l'important étant de sensibiliser au fait que l'avortement n'est pas un acte sans incidence sur le futur, sachant déjà qu'il peut entraîner beaucoup de souffrances à court terme chez la femme concernée, surtout lorsqu'elle n'est pas soutenue, et pire encore stigmatisée.

D'un point de vue pratique, il est important d'appliquer des traitements psychologiques, d'atténuer le sentiment de solitude et de culpabilité, mais aussi, et cela est souvent oublié, de penser à l'effet à long terme sur les personnes concernées et également sur la conscience du mort, deux actions qui ressortent au domaine spirituel.

Comme dans tout traitement des afflictions, il vaut mieux

reconnaître l'erreur que constitue l'avortement le plus rapidement possible (avant que l'empreinte karmique ne soit fortement ancrée) et faire la promesse à soi-même de ne plus tomber dans la même confusion.

Le traitement des nuisances est connu dans le bouddhisme sous le nom des quatre forces (force du regret, de l'antidote, du renoncement au mal, du support). La force du regret consiste ici à éprouver un intense sentiment de repentir, la force de l'antidote à contrecarrer le mal (par exemple en rendant des animaux à la vie), la force du renoncement au mal à s'abstenir de commettre des actes négatifs dans l'avenir, et la force du support à prendre refuge dans un être pleinement éveillé, etc. Pour la suite il faut se référer aux textes bouddhistes. On trouve des procédés équivalents dans d'autres traditions. Il faut comprendre qu'il ne s'agit pas de superstitions mais de méthodes efficaces pour réduire les conséquences karmiques et se libérer définitivement de la souffrance.

Nous sommes souvent dans des dilemmes au cours de notre existence, et condamnés à choisir ce qui nous semble l'issue de moindre mal, la solution définitive étant la libération du cycle des existences conditionnées.

Conclusion

En résumé, il faut choisir entre deux moments de naissance, à la conception ou quelques mois plus tard. La première correspond à l'avis des spirituels, la seconde à celui des matérialistes.

L'administration d'un pays, en tant qu'organisme de protection, ne voit que l'aspect médical et social de la situation. Sa position sur l'avortement dépend de l'opinion de personnes ou de groupes majoritaires. Ainsi dans les pays à religion d'état, l'administration appliquera la politique de ladite religion. Dans les pays sans religion ou multi-religieux, c'est l'opinion de la force dominante qui deviendra la règle.

Défauts de l'hypothèse matérialiste

Dans le cadre d'un cheminement, le principal défaut de l'hypothèse matérialiste est justement cette idée que l'esprit proviendrait de la matière. L'immatériel proviendrait du matériel, c'est-à-dire de la sphère sensorielle. La sagesse ne survivrait pas à la mort physique.

Le matérialisme ne suscite pas la rencontre avec l'intériorité profonde. L'esprit ne devient qu'une marmite à émotions, pensées et images. Entre ces manifestations éphémères, il n'y aurait rien. Les matérialistes seraient donc des êtres tronqués auxquels il manquerait l'accès à leur propre nature.

◦ **Bivouacs 6**

Me promenant au bord du lac
Un jour où j'étais fatigué
En proie à la mélancolie
J'ai cru que mon état lui ressemblait

Mais le lac dans sa générosité
M'a ouvert son immensité
Introduit dans sa profondeur
M'équipant de sa force

Et j'ai vécu l'immensité
La profondeur et la vigueur
De mon esprit
En cet instant d'union profonde

Et pourtant il épousait les berges
Comme un enfant docile
Malgré la fermeté
De sa profonde vastitude...
J'ai vu que mon esprit
S'unissait parfaitement aux rives terrestres
En son immuable refuge...

Ce que j'avais pris pour de la tristesse
N'était que ma séparation de lui...
Maintenant plongé en lui
Devenant son immensité
Je ressens une joie de plénitude
Que jamais rivages ne m'avaient octroyée...

L'idée d'une transcendance

Collection d'opinions que le lecteur remplacera avantageusement par les siennes

Après le chapitre sur le matérialisme, on examine à présent l'hypothèse opposée ou complémentaire, celle d'une transcendance. Ses avantages dans la quête de la sagesse sont présentés maintenant.

Les sujets suivants sont abordés :
- Définition
- Le sens de la vie
- Verticalité
- La réalité selon une hypothèse spirituelle
- Hypothèse spirituelle et chemin d'éveil

Définition de la transcendance

Dans ce cahier, la transcendance concerne ce qui est au-delà des dualités sujet-objet, intérieur-extérieur, un-multiple, etc. Elle est par conséquent au-delà de l'ego, des pensées, des concepts, des émotions perturbatrices, du karma, des voiles émotionnels et cognitifs. Il y a différents niveaux de transcendance, depuis la simple libération de l'ego jusqu'à l'éveil parfait.

En réalisant la transcendance, un être obtient des pouvoirs

qui lui permettent d'aider les autres. Un bouddha est capable par exemple d'émaner en même temps dans de nombreux mondes.

La transcendance est inconnaissable, et c'est donc en l'absence de preuve rationnelle et de perception sensorielle qu'on est en droit de déclarer, en présence ou non d'un huissier de justice, qu'elle n'a pas plus d'existence que les cornes d'un lapin. Elle ne serait que le fantasme d'utopistes (utopie vient du grec « ou topos » : absence de lieu, qui est d'ailleurs l'une des « propriétés » de la transcendance).

Lorsqu'on adhère à l'hypothèse selon laquelle la transcendance n'est qu'un fantasme, une illusion, on s'empêche de dépasser ces constructions conceptuelles tellement utiles pour comprendre les choses, du fait de leur réussite dans le quotidien.

Outre la gymnastique conceptuelle, on fait avancer la recherche en montant des expériences dont le rôle est d'apporter les preuves de la véracité d'une hypothèse. Il serait intéressant de savoir si on peut également expérimenter la transcendance. Peut-on faire l'expérience de quelque chose d'invisible, d'inodore, de silencieux, d'immatériel, etc. ? Avec quel genre d'outil pourrait-on l'expérimenter puisqu'elle est hors d'atteinte de l'appareil sensoriel ?

L'expérience intérieure, la méditation, donne des indices. Dans cette pratique, on finit par constater qu'on ne peut pas connaître la nature de sa conscience et des phénomènes intérieurs. Lorsqu'on essaie de les saisir, ils disparaissent. Cependant on a la possibilité de réaliser notre incapacité à connaître ; et réaliser cette incapacité, lâcher prise, c'est dépasser le voile conceptuel et permettre l'accès à la transcendance. Lorsqu'il n'y a plus d'ego, plus de sujet pour observer ni d'objet à observer, quand il n'y a plus d'observateur ni de guetteur, ni même de conscience de soi, il y a cela, et c'est au-delà des sensations, des concepts, des émotions, de la dualité. Le problème était qu'en observant, on maintenait cette dualité sans comprendre que l'on dissimulait ainsi l'objet de notre recherche. La transcendance n'est pas observable, elle se dévoile à elle-même quand il n'y a plus d'observateur.

Petites expériences pour ressentir

Des petites expériences peuvent aider à ressentir qu'il ne faut pas rejeter a priori l'existence d'une transcendance.

- Image de l'œil : On ne peut pas voir l'œil directement parce que c'est justement grâce à lui que l'on voit. Par contre, puisque l'on voit, cet œil doit exister d'une certaine manière.
- Qui suis-je ? Quand on pose la question « qui suis-je ? » on est très ennuyé, car on ne peut pas trouver d'autres réponses que des subterfuges ? Où trouver cette réponse ?
- Pourquoi y-a-t-il des limites ?
- Quelle est la couleur et la forme de la conscience ?
- Quand nous sommes conscients, qui est conscient ?
- Quelle est la durée d'un instant ?

Interface entre la matière et l'esprit

Le matérialisme n'est pas une bonne attitude pour réaliser cette transcendance en raison de son fonctionnement en dualité.

On remarque d'ailleurs une dissymétrie lorsqu'on compare le matérialisme et la spiritualité, puisque le premier est une philosophie basée sur une expérience sensorielle en interaction avec une réflexion conceptuelle, et la seconde une expérience intérieure vivante, un vécu intérieur que les mots ne peuvent traduire.

Il peut être intéressant de considérer le lien existant entre la matière et l'esprit, plus exactement de rechercher leur interface, car grosso modo l'esprit est immatériel et la matière est matérielle dans le sens qu'elle peut être expérimentée par le système sensoriel. Ceci reviendrait à une interface entre l'esprit et le système sensoriel.

L'esprit est immatériel, ce qui signifie qu'il n'a pas de couleur, ni de forme, qu'il ne peut être saisi, qu'il n'a pas de durée et qu'il n'est pas localisé. D'autre part il ne peut être divisé comme une motte de beurre. Ces recherches inabouties impliquent que l'on ne peut rien en dire, et cette constatation pourrait être suffisante pour rejeter l'idée de pouvoir comprendre le lien entre la matière et l'esprit.

Quel lien y-a-t-il en effet entre la matière et un vide connaissant ?

On peut imaginer que l'esprit n'est pas vide, mais constitué de matière subtile, ou admettre que l'esprit est vide, mais qu'il existe entre lui et la matière grossière une interface faite de matière subtile.

On est sûr que l'esprit est inconnaissable, et dire qu'il est ceci ou cela n'a pas vraiment de validité.

La transcendance intervient lorsque l'esprit est transformé. Il est encore moins possible d'en saisir l'interface avec la matière.

Comme la matière et l'esprit sont inséparables pendant la vie, et que seul l'esprit subsiste après la mort, on peut penser, dans l'hypothèse spirituelle, qu'il n'y a aucune interface entre l'esprit et la matière, mais seulement une espèce d'« aimantation » ; l'esprit s'acoquinerait au corps (la matière) aussi longtemps que ce dernier est fonctionnel. L'indéfectible conviction d'être le corps (ou d'avoir un corps) participerait fortement à cette aimantation.

La matière, telle qu'elle apparaît de l'intérieur, est de même nature que l'esprit. Il n'y a qu'à travers les sens qu'elle montre les qualités qu'on lui connaît dans le théâtre mondain.

Onde et transcendance

Les ondes sont des modifications d'un substrat caractérisées dans le temps par des alternances. Le substrat peut être matériel, comme dans le cas des vagues, plus subtil comme pour les ondes électromagnétiques ou gravitationnelles. L'onde elle-même n'étant qu'un mouvement, c'est donc le substrat qu'il faut examiner, les ondes impliquant l'existence d'un substrat car tout mouvement est un déplacement de quelque chose, d'après la logique du bon sens.

On pourrait imaginer que ce qui transcende la matière, ce sont des ondes. Se pose alors le problème du substrat qui peut être considéré comme une espèce de matière subtile. On remarque également que si le substrat disparaît, l'onde aussi.

Faire l'hypothèse que ce substrat est l'espace, ne change rien au problème que l'on souhaite résoudre ici, comme on le voit maintenant. Il ne faut pas oublier que nous cherchons à nous libérer de nos conditionnements, et non à formuler une nouvelle théorie mondaine.

Sur le plan d'un cheminement, ce qui importe pour se libérer du mode conditionné, du karma, du cycle sans fin des existences conditionnées, c'est la suppression de la saisie égotique. Tout est là. Le problème est dans cette saisie. Or on ne saisit pas une onde parce qu'il n'y a pas de croyance solidifiée* concernant son existence. Nous n'avons aucune disposition à nous approprier un phénomène qui semble immatériel. L'onde est transparente à la saisie, et donc neutre en ce qui concerne le chemin, et elle n'empêche pas de progresser. Par contre elle peut faire l'objet d'une conceptualisation, et le concept est un obstacle puisque susceptible de saisie.

L'onde électromagnétique dont la longueur correspond à la couleur rouge n'est pas visible par elle-même, mais elle crée dans l'esprit après passage dans les capteurs oculaires une impression spéciale à laquelle nous collons l'étiquette rouge qui devient alors un concept associé à différentes expériences (représentation mentale). Dans ces conditions, le rouge peut être saisi et les expériences mentales associées mener à des réactions perturbées. Par exemple, si nous voyons une voiture rouge, nous pouvons penser à un ennemi possesseur d'un véhicule de cette couleur et en être contrariés pendant quelques instants.

La transcendance est-elle de nature ondulatoire ? Une onde a besoin d'un substrat, puisqu'elle est une variation de ce substrat. Ce substrat et l'esprit seraient de même nature. La transcendance serait cette nature-même, et elle serait partout sauf où on la cherche.

Le sens de la vie

L'hypothèse spirituelle accorde à la vie un sens beaucoup plus vaste que dans la proposition matérialiste. On y essaie de deviner ce qui se passe quand le rideau tombe : l'esprit ou l'âme se rend dans un paradis, un enfer ou d'autres lieux après la mort, ou bien elle renaît sur terre ou ailleurs pour continuer son errance, son chemin, etc. Cela dépend de la tradition concernée. Ce qui est appelé « lieu » peut-être un état, une localisation ou les deux.

Le sens de la vie serait d'en finir avec l'errance.

Dans l'hypothèse spirituelle, l'idée est en général que l'âme ou l'esprit trouve une demeure plus heureuse dans le futur. Il y a donc un sens tout trouvé : faire ce qui est en notre pouvoir pour aller mieux dans les vies futures. La morale joue un rôle important dans le moyen d'y arriver, puisqu'il faut purifier son karma. Le sens de la vie est plus noble quand on y intègre l'altruisme, la générosité, la bienveillance et la compassion, quand on incorpore le bien de tous les êtres. Il perd alors son aspect égoïste et prend une dimension universelle.

Cet idée d'être plus heureux ou de moins souffrir dans le futur ne concerne pas l'incarnation présente, laquelle disparaîtra, l'intention étant plutôt de donner à l'esprit les conditions favorables pour une naissance future avec un moindre degré de souffrance.

L'option spirituelle oblige en la croyance en une vie après la mort et avant la naissance, contrairement aux matérialistes qui s'en tiennent à la croyance inverse que la mort est la fin définitive de la vie. La vie et la mort sont les deux termes d'une dualité qu'il est nécessaire de résoudre par le dépassement. Lorsque quelqu'un déclare qu'il n'a qu'une vie, il a raison dans le sens où le moi qui s'exprime ainsi disparaîtra à la fin de l'existence en cours.

Au lieu d'être vu dans le temps, le sens de la vie peut être spontané, quelque chose qui éclaire la vie à tout instant. Ce sens vertical de la vie consiste en une montée vers l'essence par la purification des voiles adventices.

Dans l'hypothèse spirituelle, en utilisant le langage karmique pour définir le sens de la vie, on peut affirmer qu'il consiste à créer du karma positif et à éliminer le karma négatif, ou mieux de se libérer de l'emprise du karma. Le sens de la vie y est toujours lié à l'existence d'une transcendance.

Verticalité

Afin de mieux connaître la spécificité d'une voie de sagesse par rapport aux études intellectuelles mondaines, ce paragraphe présente la différence entre l'horizontalité et la verticalité quand ces concepts sont utilisés dans l'échelle du temps.

Tout d'abord, il est important de comprendre que la verticalité est ici intérieure et non extérieure, comme celle d'une tour ou d'une hiérarchie sociale.

Lorsqu'on entend le mot « horizontalité » on pense d'abord à un plan dans l'espace, au domaine de déplacement privilégié de l'homme, tandis que la verticalité représente l'ascension. Par analogie, on peut définir également une horizontalité et une verticalité dans la dimension temporelle. L'horizontalité s'applique au temps ordinaire dans lequel s'inscrit la vie terrestre, et la verticalité représente l'épaisseur de vie qui se déploie à chaque instant et qui n'a pas de durée.

La verticalité n'a rien d'une abstraction coupée de la réalité, et son objectif n'est pas la transformation d'un être humain en zombie. Par contre la réalité dont il s'agit n'a rien à voir avec la réalité sensorielle conceptualisée.

La verticalité commence lorsqu'on décide de lâcher la saisie des pensées, des émotions, des concepts, des images, autrement dit de rester libre malgré l'arraisonnement incessant du mental. Si ce lâcher prise réussit, on est dans l'instant, c'est-à-dire la verticalité. Cette idée n'a rien de complexe. Au contraire on est ici dans la simplicité expérimentale la plus nue. Le lâcher prise n'est pas une retombée dans le sommeil mais un plongeon dans une lucidité vaste déjà présente. Notre pays n'est alors plus la terre mais une clarté spacieuse.

Dans le chemin de sagesse qui s'inscrit dans cette verticalité, pour résoudre un problème il suffit de réaliser qu'il n'y a rien à résoudre, que le problème est une illusion, tandis que dans l'horizontalité, dans la méthode psychologique, il est nécessaire d'aller voir le plus loin possible dans le passé, quitte à imaginer les vies précédentes, avec un grand risque d'erreurs. Le but de la voie de sagesse est très différent de celui de la psychothérapie, cette dernière ne cherchant pas l'éveil mais un remède à une maladie mentale. Un individu trop névrosé aura de grandes difficultés à suivre un chemin, par exemple par incapacité de se stabiliser dans l'instant avec une pleine lucidité.

Quand on entend le mot « vertical », on pense plutôt au zénith qu'au nadir. De même on place la sagesse en haut, même si elle n'est pas localisable. Le haut est plus léger que le bas, plus subtil, moins connu, moins accessible. L'accès au sommet d'une montagne demande beaucoup d'effort, et pour parvenir à la sagesse, celui-ci doit être maintenu jusqu'au moment où l'absence d'effort est possible, car l'effort (inverse du lâcher prise) est un produit de la volonté qui n'a de sens qu'avec l'ego. Néanmoins, il y a bien un effort à fournir au début (qui peut durer de nombreuses existences), la passivité ne permettant pas d'avancer. Par exemple, lorsqu'une pensée perturbe, il faut s'appliquer à l'abandonner, car la pensée a tendance à vouloir s'accomplir et à proliférer sous forme d'actes ou d'autres pensées.

La verticale est perpendiculaire à l'horizontale. Contrairement à l'oblique qui se projette en une droite sur l'horizontale, la verticale ne se projette qu'en un seul point, son intersection, son point de départ. Faute d'autres projections possibles que l'instant présent, il n'existe donc pas d'instants passés ni d'instants futurs.

La verticalité peut également être assimilée à l'aspect causal des choses, en opposition à leur aspect successif auquel répondrait l'horizontalité. La verticalité signifie « en même temps » et l'horizontalité « successivement ». Dans cet « en même temps », il y a une hiérarchie. L'essence est en haut, le manifesté en bas. Entre les deux, on trouve les voiles cognitifs et émotionnels. Il est nécessaire de se libérer de l'émotionnel puis du cognitif pour arriver à l'essence. Dans le « successivement », il y a un avant et un après différent de l'avant.

Il faut réaliser la nature des phénomènes pour se libérer des conditionnements, ce qui nécessite de vivre dans toute leur épaisseur, tandis que l'esprit mondain n'accède qu'à la surface horizontale où il s'éparpille d'une bouée trouée à une autre.

Pour rappel, réaliser est beaucoup plus profond qu'être convaincu, c'est faire en sorte qu'une perception ou un état deviennent naturellement effectifs dans la vie. Réaliser la vacuité d'un phénomène, c'est réaliser qu'il n'a pas de nature propre d'une manière assez profonde pour qu'on ne cherche plus à le saisir dans la vie quotidienne, tout cela naturellement, sans avoir à se transformer en guetteur ou en analyste.

La réalité selon une hypothèse spirituelle

Pour un spirituel, il y a bien une réalité extérieure, fille de la perception sensorielle, mais la réalité intérieure est beaucoup plus vaste que la réalité psychique acceptée par un matérialiste. À l'intérieur, il y a bien les pensées, les émotions, les images, les rêves, etc., mais il existe également une réalité au-delà de ce manifesté, car si on l'enlève, il reste un espace conscient, et la méditation sur cet espace mène finalement à un état qu'on appelle réalité ultime, l'essence même de toutes les réalités expérimentées : la réalité matérielle extérieure, la réalité psychique, la réalité onirique, etc.

Dans cette réalité ultime, il n'y a plus d'intérieur ni d'extérieur. Elle contient tout. Ceci est impossible selon la croyance matérialiste qui suppose l'esprit fabriqué par la matière, car la cause (la matière) serait incluse dans sa production (l'esprit), c.-à-d. dans quelque chose qu'elle n'a pas encore produit.

Hypothèse spirituelle et chemin d'éveil

Dans le cadre d'un cheminement, la proposition spirituelle a beaucoup plus d'avantages que l'opinion matérialiste.

En premier lieu, cette dernière ne voit que l'extérieur et une intériorité superficielle, émotive et conceptuelle, et oublie complètement l'intériorité profonde. Sa vision en est tronquée. En outre, le sens donné à la vie est beaucoup plus étroit, parce qu'elle ne reconnaît pas les vies futures et les vies passées et qu'elle ne se réfère qu'à la conscience égotique très dégradée.

Il semble que la proposition spirituelle commence là où finit l'hypothèse matérialiste, laquelle peut servir de tremplin jusqu'à la première impasse. Il faut alors abandonner l'expérience sensorielle et les concepts, laisser l'ego au bord de la route et entrer dans la clarté spacieuse du chemin vers la cime.

PARTIE III
LA VIE SOCIALE

Cette partie présente principalement deux modes de fonctionnement dans la vie sociale, et leur correspondance dans la vie intérieure. Le premier mode, la « croyance », est passif et constitue une solution de facilité tandis que le second, le « discernement », est plus actif et permet de rester maître de sa vie intérieure quelles que soient les influences extérieures.

Croyance et discernement

Collection d'opinions que le lecteur remplacera avantageusement par les siennes

Ce chapitre examine par quelques exemples deux modes de fonctionnement de l'esprit : le mode « croyance » et le mode « discernement », l'objectif étant de voir comment ces deux attitudes incorporent les influences extérieures dans l'intériorité.

Lorsque nous sommes fatigués ou paresseux, notre esprit se contente du mode « croyance » dans lequel la réaction à une information est : « j'y crois », « je n'y crois pas », ou encore « je ne sais quoi en penser ». Nous pouvons souscrire à une information parce qu'elle entre dans notre bibliothèque de « prêt à accepter » ou que nous accordons notre confiance à son auteur pour des raisons sentimentales, par empathie, admiration, etc.

Voici quelques comportements du mode croyance :

- croire
- ne pas croire
- ne pas savoir quoi penser
- se rallier à l'opinion du plus grand nombre
- se rallier à l'opinion du plus fort
- comparer les opinions et choisir celle qui est la plus en accord avec nos tendances et afflictions
- rester indifférent

Très éloigné de cette manière passive, le mode « discernement » consiste à observer les faits réels en rapport avec l'information, et à y réfléchir à l'abri des afflictions, avec un esprit calme, vaste, clair et accueillant rendu possible par le travail intérieur. Ce mode de cueillette de l'information limite notre dépendance aux influences externes et internes. Cueillir une pomme et la manger est un acte en mode croyance, tandis que la cueillir en vérifiant qu'elle est mûre, que l'acte ne constitue pas un vol, etc. avant de la croquer est un acte accompli en mode discernement.

Voici le processus de choix du mode discernement :

1. méditer pour se placer dans un état non perturbé
2. vérifier l'information et la chaîne d'informateurs
3. réfléchir en intégrant l'éthique
4. méditer encore et prendre sa décision

Les sujets suivants sont abordés dans ce chapitre :
- La descente aux enfers
- Croyance et discernement au quotidien
- Influences médiatiques
- Croyance et influences médiatiques
- Discernement et influences médiatiques
- Dictature
- Types de dictature
- Croyance et dictature
- Discernement et dictature
- Défauts de la croyance
- Moyens d'assainir la croyance

- Croyance et méditation
- Mixage des modes croyance et discernement
- Discernement et chemin de sagesse
- Discernements méditatif et quotidien
- Exemple d'utilisation du discernement

La descente en enfer

Les paragraphes suivants abordent le problème du comportement dans un environnement social qui peut être paisible, difficile, et parfois angoissant au point que certaines personnes ont l'impression d'une descente en enfer. Si la situation extérieure est dure et déshumanisée, il est cependant possible de rester sain et paisible intérieurement. Le symbole de la conservation d'un état non perturbé dans un environnement malsain est le lotus, une plante qui reste belle et pure dans la boue où elle grandit.

C'est l'éveil qui permet une telle qualité. Les méditations libératrices en sont le chemin, mais il est possible, sans se lancer dans la méditation, d'avancer un peu dans la direction d'une transparence lorsque l'environnement est destructeur, d'y garder sa lucidité tout en restant en paix. Avec cette vie en mode « lotus », on pourra agir dans le sens de la générosité, de l'éthique et de la sagesse, tout en réduisant ses afflictions. On profite même de telles situations défavorables, où nos afflictions sont attisées, pour progresser sur le chemin.

Les difficultés extérieures rencontrées et le sentiment d'impuissance que nous pouvons ressentir à leur égard, nous permettent de réfléchir aux défauts de ce théâtre mondain (samsara), aux défauts de nos conditionnements karmiques qui nous interdisent d'échapper à la naissance, à la maladie, à la vieillesse et à la mort. C'est comme si nous ne pouvions sortir d'un scénario dont on a pourtant contribué à l'élaboration par nos actes antérieurs. La réflexion sur les défauts du théâtre mondain peut nous donner la motivation de nous en libérer définitivement et de nous engager dans une voie qui nous aidera à parvenir à la sagesse. Puisque nous vivons dans un cycle d'existences conditionnées depuis une « infinité » d'années, il est nécessaire de comprendre qu'il faut de nombreuses vies de perfectionnement pour en sortir à partir d'un état moyennement grossier…

Croyance et discernement au quotidien

Le mode croyance au quotidien

Le soir, avant de nous endormir, nous croyons que nous nous réveillerons le lendemain, nous faisons même des plans, nous pensons à différentes activités en cours ou en projet, etc. En résumé, nous croyons au lendemain. Sans cela, l'existence nous paraîtrait aussi invivable qu'un séjour sur un minuscule rocher entouré d'abîmes.

Et nous basons cette confiance sur la statistique du passé, d'une manière naturelle, sans passer par un calcul conscient. Nous sommes sûrs que la terre continuera de tourner pendant notre sommeil. Si nous bénéficions d'une excellente santé, nous sommes persuadés de nous réveiller le lendemain matin. En absence d'alerte des services météo, nous sommes assurés qu'il n'y aura pas de cataclysme ou d'incendie qui porteraient atteinte à notre vie pendant notre sommeil. Et toute cette confiance n'est bâtie que sur des probabilités, des concepts, des croyances, une projection vers un futur extrapolé sans la moindre réalité.

Mais nous vivons ainsi, dans un abysse d'ignorance, avec de fausses certitudes éminemment confortables. Pour vivre à peu près sereinement, nous faisons en général abstraction de ce qui peut nous faire souffrir. La balance entre l'espoir et la crainte doit pencher du côté de l'espoir, grâce à quoi la nuit sera moins agitée. Le soir en outre, la fatigue se fait sentir, la conscience est obscurcie, une certaine douceur vient nous envahir, le rideau d'ombre qui annonce le sommeil s'abaisse devant notre vigilance.

Nous pouvons donc considérer que cette veillée se déroule en mode « croyance ». Ce point de vue, qui résulte d'une volonté plus ou moins inavouée de ne pas connaître, nous est nécessaire parce que justement l'esprit dualiste est sans cesse ballotté entre l'espoir et la crainte : il va donc se sécuriser en essayant de construire des scénarios favorables pour le lendemain, ou bien en rejetant les pensées trop désavantageuses. À titre exceptionnel, on peut cependant rencontrer des angoissés qui se délectent de broyer du noir.

Le cheminement de l'esprit dualiste pendant cette soirée prise en exemple est donc une accumulation d'espoirs, de craintes et de croyances illusoires à des fins de tranquillité. Chaque chose doit être à sa place dans le placard à confort. Le problème de l'esprit dualiste (mondain) est justement qu'il est dualiste, ce qui l'oblige à emporter toujours avec lui une besace pleine de croyances en toc. L'esprit dualiste est contraint de se mentir pour vivre cette espèce de plénitude mille fois perforée et mille fois recousue qu'il affecte particulièrement, faute de pouvoir se poser dans son être profond, ne serait-ce que le temps d'un soupir. Car s'il laissait une place à l'être, il n'aurait pas besoin d'agiter son mental avec autant de simagrées.

Il semble que le mode croyance soit utilisé dans le quotidien comme une rustine sur le mal-être. La croyance est par ailleurs très utile, car en son absence il est pratiquement impossible de réaliser autre chose que ce qui présente un objectif de subsistance ou d'intérêt matériel. Car on ne se lancera dans une occupation différente d'une activité de première nécessité que si l'on y croit vraiment. La conviction que telle activité est le costume qu'il nous faut absolument endosser, qu'elle est notre mission, est un élément non négligeable de la motivation. Ceci est vrai à divers degrés pour la politique, le syndicalisme, l'activité associative, mais aussi pour un cheminement. À un moment donné, nous croyons que c'est cela, que c'est la solution absolue, et nous cherchons des arguments qui vont en ce sens pour satisfaire notre appétit de rationalité et de confort conceptuel. En toile de fond, il y a le bouquet de tendances issu de notre karma passé, qui nous pousse à cette croyance. Certaines de ces tendances suggèrent une activité positive, et d'autres des actes négatifs. Pour prendre une décision appropriée, la croyance nécessite donc de s'adjoindre le discernement.

Croyance et discernement au quotidien

Le mode « croyance » consiste à abuser de certitudes dans toutes les situations de la journée, ce qui peut entraîner des souffrances en cas de mauvaises surprises. N'ayant pas pris en compte le continuel changement de la vie, lorsqu'une situation dévoile cette impermanence d'une manière fracassante, nous ne comprenons plus, nous sommes déboussolés, puis vient la souffrance qui peut durer des années et se prolonger parfois jusqu'à la fin de la vie. La croyance est donc liée à une volonté consciente ou un désir inconscient d'oublier l'impermanence inhérente au théâtre mondain (existence karmique, conceptuelle et douloureuse).

Il serait fastidieux de réfléchir continuellement sur l'impermanence : « Je vais chez le boulanger. Est-il toujours là ? Son magasin a-t-il fermé depuis hier ? Vais-je atteindre la boulangerie sans être percuté par une voiture, etc. » Avec cette façon de procéder, la vie deviendrait vite un enfer. Il existe une solution préférable qui consiste à rester paisible, et à ne pas se soucier de ce qui n'est pas un souci présent, tout en restant vigilant et en ayant développé une certaine transparence face aux événements.

Il est plus facile de résoudre le problème en le considérant sur deux plans différents : celui de l'entraînement et celui du quotidien.

Lors de l'entraînement, on médite pour amener dans les profondeurs de l'être le constat de l'impermanence de l'existence, afin que notre esprit « sache » naturellement que l'existence est changement, qu'elle peut basculer au moment où l'on s'y attend le moins, que nous sommes nous-mêmes changement. Avec cette connaissance, il n'est pas nécessaire d'accomplir de vigilance particulière par rapport à l'impermanence dans le quotidien, mais il a fallu méditer longtemps pour arriver à cette connaissance spontanée de l'impermanence qui permet de ne pas être surpris dans les situations imprévues. Même si l'on n'a pas cette connaissance profonde, mais que l'on a commencé le cheminement, les situations inattendues seront vécues avec moins d'émotions (frayeur, angoisse, perte d'énergie, etc.). Lors de l'entraînement, il s'agit donc de développer une vigilance intérieure qui sera utile ensuite dans le quotidien face à l'imprévisible.

Lorsque survient un événement inattendu, l'idée est de rester paisible et de pouvoir utiliser tous les moyens rationnels ou autres à notre disposition, sans être gêné par l'émotionnel. L'entraînement permet de développer la vigilance intérieure, de rendre naturelle la réalité de l'impermanence, et de ne pas être perturbé par les émotions et les pensées parasites.

Sur le plan du quotidien, on se comporte avec discernement et sans distraction pour ce qui concerne l'activité qui nous occupe dans l'instant présent. Cette attitude doit également être utilisée dans les moments où une décision doit être prise. S'il arrive un événement inattendu, l'entraînement permet de le traiter comme une illustration de l'impermanence et de ne pas en être troublé, puisque nous ne réagissons plus émotivement et que nous ne sommes pas distraits par une multitude de scénarios élaborés sous la panique.

En résumé, nous vivons d'une manière ordinaire, en alternant les modes croyance et discernement, mais paisiblement, avec une pleine conscience et en toile de fond la connaissance de l'impermanence.

Influences médiatiques

Les médias servent d'intermédiaire entre un informateur et un public dont ils ne connaissent pas les membres individuellement. Ils diffusent des informations de toute nature, y compris des publicités, propagandes, lois, opinions, clowneries, mensonges, vérités, conseils, veuleries, etc. Ils ne sont jamais réellement indépendants puisque liés à leurs financeurs qui peuvent être des individus, des sociétés, des organisations et parfois le public.

Dans ce cahier, on examine en quoi les médias peuvent dans certains cas influencer la vie intérieure, détourner, endormir les consciences ou agiter les voiles émotionnels et cognitifs. Leur action parvient parfois à troubler la vigilance et à empêcher les méditations profondes chez les débutants, encore très influençables. Puisqu'il faut commencer par le statut de débutant pour devenir expérimenté, cette violation de la conscience peut jouer un rôle très néfaste sur l'accès à la méditation et à d'autres méthodes libératrices.

Cette étude des influences médiatiques est un exemple parmi

les nombreuses influences extérieures existantes. Elles jouent un rôle particulier car elles assurent l'interface entre les pouvoirs marchands, financiers, culturels, politiques, sociaux, etc. et la population. La connaissance des influences médiatiques permet de s'exercer au mode discernement et de déceler les carences du mode croyance.

Les deux paragraphes qui suivent (Croyance… et Discernement…) examinent les influences médiatiques sur un esprit dualiste dans les deux modes de fonctionnement ici étudiés : la croyance et le discernement. L'objectif est de déterminer le mode le plus profitable dans un cheminement. Les médias ne sont pas neutres, ils transmettent consciemment ou non le message de leurs commanditaires, de leurs sponsors, de leurs propriétaires, de leurs publicitaires, de leurs actionnaires, de leurs idéologues, de leur public, de leurs censeurs, de tous ceux qui leur assurent des profits directs ou indirects, car ils ont des frais de fonctionnement, une masse salariale et des investisseurs à satisfaire. En général les médias nous influencent pour des raisons commerciales ou politiques, lesquelles sont souvent liées à l'avidité ou à la recherche d'une domination.

Dans cette situation, il est important de ne pas se laisser influencer et de conserver une liberté intérieure qui permet de prendre l'information pour ce qu'elle est, et non d'en faire un objet de croyance.

Prendre l'information pour ce qu'elle est consiste à la considérer sans émotion, à vérifier les sources quand c'est possible, à analyser le contenu, à la débarrasser de ses venins de flatterie ou de menace. Dans ce cahier, on utilise les informations pour se libérer des afflictions nuisibles sur le chemin. Mais sans entrer plus profondément dans le vif du sujet, il est facile de se rendre compte qu'un message enrobé de flatteries ou de menaces peut être suspecté de transgression par rapport à l'éthique. Et le manque d'éthique dans une information est le signe d'un obscurcissement de la conscience de l'informateur.

Doxa et éthique

Pour le *Reverso*, la « doxa » est l'ensemble des axiomes non discutés dans une société, une civilisation. Pour le *Robert*, c'est l'ensemble des opinions reçues sans discussion, comme évidentes, dans une civilisation donnée.

La doxa est souvent identifiée à la pensée unique par les personnes en désaccord sur un ou plusieurs points de ladite pensée. L'idée même d'une doxa peut être vue comme une entrave au discernement, puisqu'il s'agit d'axiomes non discutés. Or l'absence de discussion peut être le fait d'un accord naturel ou de la manipulation d'un groupe dominant ou conquérant.

Dans le cadre d'un chemin, nous regardons la doxa dans son rapport à l'éthique, car elle n'est pas une éthique mais une opinion qui lui est possiblement contraire. Il est donc nécessaire de faire preuve de vigilance vis-à-vis de ces opinions qui semblent couler de source.

Une autre raison d'être vigilant par rapport à la doxa, est la facilité qu'elle offre de ne pas utiliser son discernement (puisque tout le monde pense ainsi), à d'acquiescer sans réfléchir à la portée réelle de l'opinion qu'elle pose sur la table avec plus ou moins de délicatesse.

Influences médiatiques et vie intérieure

Lorsqu'une nouvelle choquante ou absurde nous fait souffrir, nous pouvons nous comporter de deux façons.

La première consiste à y répondre par un déni, nous faisons comme si nous n'avions rien entendu. Ce déni, s'il est fréquent, finit par obscurcir notre conscience. Nous ne souffrons plus mais notre vie est de plus en plus étriquée, fermée à la nouveauté, nous sommes totalement en mode croyance (je n'y crois pas).

La deuxième consiste à répondre par la vigilance intérieure et extérieure. La vigilance extérieure nous fait prendre conscience de ce qui se passe réellement, le défaut étant le risque d'une souffrance rajoutée par cette prise de conscience. Pour y remédier, la vigilance extérieure s'accompagne d'une vigilance intérieure qui permet de prendre nos réactions émotives et conceptuelles pour ce qu'elles sont par des pratiques d'intériorité, et de réduire notre souffrance. Cette façon de procéder correspond au mode discernement, et elle donne la capacité d'agir efficacement avec bienveillance sans se laisser entraîner par ses afflictions.

Il y a bien une troisième façon de procéder, c'est l'indifférence, mais celle-ci empêche de vivre humainement, c'est-à-dire en tenant compte des souffrances d'autrui, et en outre elle inhibe toute action positive, puisque rien ne nous intéresse.

* * *

Comment les paroles entendues, que ce soit d'amis, de proches, de collaborateurs, de médias ou autres, influencent-elles la vie intérieure ? Le processus général consiste à écouter des paroles, prendre conscience de leur sens puis réagir.

Les êtres ordinaires peuvent être indifférents aux paroles qu'ils entendent, les apprécier ou les rejeter.

Lorsqu'on apprécie une parole, c'est-à-dire lorsque notre réaction est positive, parce qu'elle est conforme à nos opinions et croyances, elle renforcera ces dernières et permettra en outre d'y intégrer de nouveaux arguments.

Lorsqu'on déteste une parole, quand notre réaction est négative, elle va néanmoins renforcer notre opinion, et permettre de trouver de nouveaux arguments opposés à la parole entendue.

Lorsqu'on est indifférent, c'est que le sujet ne nous intéresse pas, ou qu'il nous fatigue à force d'être rabâché. C'est comme si nous étions blindés pour tout ce qui le concerne. En fait, nous nous trouvons alors dans une certaine fragilité. Il se peut que si ce phénomène de blindage survient sur beaucoup de sujets, on devienne indifférent à tout, y compris à une information nuisible. Un manipulateur saura alors faire passer tout ce qu'il désire, ce qui peut être un handicap pour la liberté.

Les manipulateurs apprécient le rôle d'« accumulateur

amplificateur d'opinions » joué par notre réaction émotionnelle.

Par contre, lorsqu'on a bien avancé dans la purification des afflictions, on peut vraiment écouter l'information sans réaction émotive et l'analyser dans le calme, sans agressivité ni addiction. Ensuite, si on a développé l'ouverture bienveillante, on trouvera une solution qui ne soit pas seulement favorable à nous-mêmes mais au plus grand nombre.

Comme exemple, nous allons prendre l'information suivante divulguée par une autorité quelconque : « À partir de demain, la plage sera interdite aux individus sans crème de bronzage ». Cette information ne passera pas chez l'individu allergique aux contraintes. Il va s'emporter et enfreindre l'ordre. Par contre, le moutonnier va s'acheter un crème s'il n'en a pas, sans se poser de questions. Et il existe aussi l'individu blindé qui n'entend plus rien à rien et qui ne changera pas ses habitudes. Celui qui a déjà avancé dans la purification de son esprit, n'aura pas de réaction émotive, il réfléchira, examinera le bien fondé de cette mesure et l'appliquera ou non suivant son discernement.

Croyance et influences médiatiques

Quand elle n'est pas éclairée par le discernement, la croyance peut être un handicap dans la vie sociale et aboutir à un asservissement.

Le mode croyance occasionne de la négligence sur de nombreux aspects de l'information. Cette légèreté peut être lourde de conséquences. L'effet négatif qui nous intéresse particulièrement dans ce cahier consiste en un obscurcissement de la conscience assez profond pour rendre inabordable la méditation ou toute autre pratique spirituelle.

Pour pallier la légèreté du mode croyance, on peut exercer sa clairvoyance sur un exemple qui permettra de voir où l'on en est.

Il y a de nombreuses circonstances où la confiance suffit, mais ici on examine le cas d'informations publiques dans un environnement malsain, quand l'éthique n'est plus respectée ou que l'on en propose un succédané qui convient à l'égoïsme ambiant. Une société où l'on est applaudi lorsqu'on se déclare amoral, présente un fort indice d'insalubrité. La notion d'amoralité est l'euphémisme le plus souvent utilisé pour paraître au-dessus de la moralité, même si cette amoralité, cette façon de mépriser la nuisance faite à autrui, est une forme de profonde inconscience.

Le circuit de l'information revient sommairement à ceci :

- l'information : Il y a d'abord l'information elle-même, qui peut être un fait ou une parole. Par ex. une loi ou une parole de Socrate
- la source : L'information étant de nature immatérielle, lorsqu'elle est fixée sur un support, contenant et contenu deviennent la source de l'information qui peut être un document, un fichier logiciel, etc. Par ex. un article de loi ou un livre de Platon présentant l'enseignement de Socrate.
- l'informateur : Parfois, on ne connaît pas la source elle-même mais seulement l'informateur, l'individu censé avoir eu accès à l'information originelle. Dans ce cas l'informateur est considéré comme la source. Par ex. un avocat ou Platon.

- les médias : Ensuite il y a la chaîne des médias qui transmettent l'information au public. Un individu peut ne connaître l'information qu'après une transmission en cascade de plusieurs médias. Par ex. un journal, un journaliste, ou un livre de Platon.

La croyance en une information publique est liée :
- à la qualité de l'information
- à la qualité de la source d'information,
- aux compétences et à l'honnêteté de l'informateur,
- à la qualité de la transmission par les médias.

Croyance en l'information elle-même et ses sources

Il y a des cas où l'information est vérifiable, par exemple la communication d'un orage sur le lieu où nous sommes : Il suffit de regarder à travers la fenêtre ou d'écouter le tonnerre pour vérifier. Mais le plus souvent elle n'est pas contrôlable directement. Sans même faire des recherches sur l'informateur et la transmission de l'information, son contenu en lui-même peut donner des indices de son authenticité.

La forme de l'information doit être vérifiée. Si, dans le cas d'une information écrite sur un sujet à haute teneur intellectuelle par exemple, il y a d'abondantes fautes de grammaire et d'orthographe, le doute est permis. Quand il s'agit d'un reportage filmé, il faut examiner les truquages grossiers qui ont pu être réalisés pendant le tournage ou pendant le mixage, sentir la récupération d'images hors sujet, etc.

Ensuite, il y a le sens : la croyance sera d'autant plus acceptée qu'elle paraît vraisemblable. Par exemple, il sera plus facile de croire à un accident de train à un passage à niveau qu'au décès par indigestion d'un ennemi politique dans une dictature. Néanmoins, il peut arriver qu'une information invraisemblable soit vraie, et qu'une autre vraisemblable soit fausse. L'esprit dualiste procède par comparaison (consciente ou non) avec des scénarios du passé. Il peut également se servir de raisonnements pour rejeter tout ou partie d'une information. Cet aspect de la croyance basé sur la vraisemblance est insuffisant pour la valider, d'autant qu'il existe une technique qui consiste à présenter comme vraies des informations d'une invraisemblance la plus grossière pour sonder le degré de crédulité d'une population ou pour ramollir ses réactions.

Croyance liée à l'informateur

L'informateur (la source humaine) peut être tout un chacun, un journaliste ou un reporter de renom, un spécialiste,... toute personne qui a eu accès à l'information originelle.

La qualité de l'informateur et notre rapport avec lui ne sont pas négligeables. On lui fait confiance ou non.

Le passé peut intervenir : une personne en qui on a toujours fait confiance est bien placée pour qu'on lui concède une certaine authenticité dans ses informations.

La compétence de l'informateur est importante. Nous ferons plus confiance à un médecin qu'à un journaliste ou à un policier quand nous recherchons une information sur une maladie. La certification du informateur est un plus pour la confiance : école, type de formation, diplômes, recherche, enseignement, etc. Là non plus, rien n'est vraiment sûr.

L'informateur peut être compétent et faire une erreur ou vouloir tromper le public. Le passé de l'informateur, s'il est connu, n'est pas un indice suffisant de sa probité, car sa situation peut avoir changé, par exemple s'il doit rembourser des dettes, ou s'il est soumis à des pressions ou des menaces.

Croyance liée à la transmission médiatique

La qualité de la transmission par les médias joue un rôle très important car l'information d'origine peut être manipulée, amplifiée, faussée, déformée, même inversée, et il n'est pas toujours facile d'avoir accès aux sources pour la vérifier.

Si la source est authentique, que l'informateur est honnête et compétent, l'information peut être biaisée par les médias, pour des raisons de liens d'intérêts avec un pouvoir quelconque, des raisons idéologiques, par lâcheté ou peur, etc.

Un média peut être malsain par lui-même, par absence d'éthique, ou œuvrer dans un système corrompu. Dans cette dernière éventualité, comme l'illustrent les dictatures, les médias sont corrompus par nécessité de survie, de tranquillité, etc. Dans un système où il existe une certaine liberté de pensée, certains médias sont frelatés par manque d'éthique, par besoin de scandales, etc. Et même dans un média reconnu comme sain, il peut y avoir des informations invalides sur le plan de l'authenticité et de l'éthique.

La censure, qui est dans les mains d'un pouvoir particulier, avec ses propres intérêts, n'est pas la solution. C'est à chacun, à chaque lecteur, auditeur ou spectateur d'exercer son discernement plutôt que d'opter aveuglément pour ce qui convient à ses propres a priori.

Limites de la croyance dans le cas d'influences médiatiques

Dans la vie sociale, la croyance a ses limites, et il est facile à des manipulateurs professionnels connaissant bien les techniques d'asservissement de rendre dépendantes de nombreuses personnes, de supprimer des libertés, d'augmenter la surveillance, d'appauvrir, de faire souffrir, en disséminant diverses fausses informations sur un territoire. Le but des manipulations peut être commercial, politique ou idéologique, et la méthode utilisée est l'obscurcissement de la conscience du public ciblé.

L'esprit dualiste est très peu armé pour faire face à des réseaux malsains qui inoculent des croyances dans les esprits pour détourner le public à leur profit. La croyance en la valeur du consumérisme en est un exemple, qui peut aboutir à l'acceptation d'une dictature de la consommation. Le problème devient extrême lorsqu'on ne peut plus faire confiance à ceux dont la fonction, en général d'autorité, requiert une confiance sans faille par une sorte de serment tacite. Par exemple, un groupe élit pour le représenter un leader qui s'ingénie ensuite à le détruire, et quand le groupe s'aperçoit qu'il a misé sur un mauvais cheval, il est trop tard.

En bref, la croyance est basée sur la confiance. Or dans le cadre impermanent du théâtre mondain, les références sur lesquelles s'appuie la confiance changent au cours du temps, ce qui oblige à la réinterroger souvent.

En conclusion, la confiance et la croyance sociales semblent possibles dans un système vertueux, mais elles sont déficientes dans un système pervers comme les dictatures dans lesquelles les médias n'ont aucune liberté. Dans ces types de gouvernement, la croyance doit être abandonnée au profit d'un discernement guidé par l'ouverture bienveillante.

Discernement et influences médiatiques

Le travail sur les influences médiatiques permet d'accroître les deux vigilances, l'extérieure et l'intérieure. La vigilance extérieure consiste à discriminer le vrai du faux dans les informations reçues et à choisir la vraie comme critère pour gérer la situation. L'entraînement consiste par exemple à détecter les indices de non validité d'une information.

Nous avons tendance à utiliser notre discernement vis-à-vis d'informations venant d'ennemis plutôt qu'envers des personnes pour lesquelles nous ressentons de la sympathie, alors qu'il faudrait l'exercer quel que soit l'informateur, lequel peut divulguer une fausse information en toute bonne foi.

La vigilance intérieure permet de demeurer dans un état sain, quelle que soit le niveau de salubrité des influences extérieures, l'entraînement s'effectuant en partie par la méditation. Pour pouvoir juger de la salubrité extérieure, nous devons être nous-mêmes non perturbés, sinon nos réflexions sont biaisées.

La société est source d'une profusion d'informations qui peuvent être vraies ou fausses, intéressées ou non, morales ou destructrices, bienveillantes ou malveillantes, importantes ou futiles. Il est souvent difficile de s'y retrouver.

Dans une situation où l'on fait face à une information dont on ignore l'authenticité, on est amené à vérifier son contenu, les sources et les transmetteurs, à en estimer l'honnêteté, mais ce travail sur des éléments extérieurs n'est possible qu'avec un mental transparent, sans lequel nos raisonnements et jugements seraient contaminés par nos propres émotions affligeantes et a priori.

Un mental sain ou transparent signifie idéalement sans afflictions (orgueil, jalousie, colère, attachement, ignorance). En effet, la colère par exemple pourrait nous faire considérer comme fausse l'information donnée pas un informateur X, même si sa véracité est vérifiée par ailleurs, parce que nous le détestons.

Il est important d'avoir l'esprit paisible et non influencé intérieurement lorsqu'on analyse une situation, car le « moi » regorge de liens d'intérêt, il n'est même fabriqué que d'intérêts égoïstes puisqu'il cautionne toujours ses propres tendances et afflictions par rapport à l'intérêt général. Dans l'exemple précédent, le « moi » va s'identifier à sa haine pour X, et analysera la situation avec un a priori négatif, au lieu de s'intéresser à la situation elle-même et de se décider en fonction de celle-ci. Or ici la situation consiste à déterminer l'exactitude de l'information donnée par X. L'information elle-même est connue, on peut la vérifier chez I. Seulement, monsieur M ne va pas s'embarrasser d'une vérification, car sa haine de X le pousse à la rejeter comme un détritus.

Il existe aussi des cas, et c'est le plus fréquent, où les modalités de la situation ne permettent pas une vérification, parce que celle-ci prendrait trop de temps, que l'on a pas accès aux informations originelles, ou pour bien d'autres raisons. On peut se trouver ainsi en face d'informations contradictoires impossibles à contrôler. On va en général se porter sur celle qui semble la plus vraisemblable à notre entendement, ou sur celle dont l'informateur nous paraît le plus honnête, le plus compétent, ou le plus convainquant. Aucun de ces choix ne garantit une fiabilité totale. On peut alors regarder en nous et voir si l'un des choix n'est pas en lien avec une affliction (la haine ou l'attachement vis-à-vis d'une personne par exemple). Dans ce cas on tient compte de cette affliction pour recadrer notre réflexion. Lorsqu'il n'y a plus de liens d'intérêt internes, la situation est appréciée de manière plus claire, et si notre jugement est finalement erroné, on aura au moins la satisfaction d'avoir mis à l'écart une part malsaine de notre esprit, de n'avoir pas renforcé une affliction, une tendance négative et l'ego.

Il serait présomptueux de croire que l'on ne peut jamais être trompé. Cependant il est tout de même possible d'entrevoir si une information importante donnée par une autorité est valide et fidèle à l'éthique, lorsqu'on est dans l'impossibilité de vérifier l'information originelle.

L'éthique consiste ici en l'idée de n'être nuisible à aucun être sensible ni à la nature, et si possible de leur être utile. La validité est la constatation qu'il n'y a pas d'intentions malhonnêtes dans la présentation ou le contenu de l'information. Cette validité gagne a être faite en toute lucidité et avec une intention bienveillante pour éviter l'émergence de nos propres afflictions.

> [...] J'absorbe les souffrances et les perversions des influenceurs,
> Et je leur offre la paix et la bienveillance que j'ai accumulées au cours de toutes mes existences. [...]

Le plus important est de ne pas laisser les influences extérieures obscurcir notre conscience, car alors il serait de plus en plus difficile d'obtenir des résultats dans la méditation, faute d'une clarté suffisante. Nous deviendrions de fait en mode croyance à l'extérieur et en mode torpeur à l'intérieur.

Indices de l'invalidité d'une information publique

Le texte qui suit concerne les informations en provenance des médias, mais il peut s'appliquer à nous-mêmes lorsque nous jouons le rôle d'informateur. Il nous faut être vigilant, et discerner nos propres afflictions, cette attitude faisant partie du chemin. Autant ce n'est pas à nous de juger les informateurs publics, autant il nous faut distinguer le positif du négatif lorsque nous endossons ce rôle.

Observer les informations publiques permet aussi de voir les nuisances qui peuvent être véhiculées par les concepts, et notre relation avec ces derniers : un asservissement total ou une certaine liberté.

Les procédés d'information qui visent à manipuler sont marqués par un manque d'éthique (de l'informateur) et une production de nuisances (pour le public). Le fait même de vouloir manipuler, y compris pour la bonne cause (?), est signe d'une éthique déficiente. Les nuisances envers le public peuvent être volontaires ou survenir en tant qu'effets secondaires de la manipulation.

Le manque d'éthique se réfère surtout aux afflictions d'orgueil (domination), de jalousie (être plus haut que l'autre), de colère (haine, mépris), d'attachement, de cupidité-avidité (désir d'avoir de plus en plus de richesses ou de pouvoir) et de volonté d'ignorer (ce qui pourrait être gênant). Les stratégies mensongères et les manipulations sont en général des moyens d'assurer une domination sur les autres ou d'assouvir sa cupidité.

> Manque d'éthique : agression, aveuglement, avidité, cupidité, domination, immoralité, manipulation, oppression, haine, malveillance, mépris, mépris de l'éthique, stratégie mensongère.

Pour le public, les nuisances possibles tournent toujours autour de la peur, de l'asservissement, de l'appauvrissement, de l'obscurcissement de la conscience.

> Nuisances possibles : accoutumance à la subordination, agitation de l'esprit, appauvrissement, asservissement, aveuglement, colère, délinquance, déstabilisation, esclavage, discorde, division, doute, haine, isolement, humiliation, perte de liberté, perte de ressources, peur, sentiment

d'insécurité, soumission, subordination.

Lorsque nous recevons une information dans un environnement médiatique frelaté, nous devons rester vigilants pour éviter la manipulation d'une part, et d'autre part pour ne pas sombrer dans les mêmes travers que les informateurs. En outre, il est nécessaire de vérifier que l'information est conforme à l'éthique.

Comme ces manipulations d'informations ne concernent pas que les « professionnels » mais aussi nous-mêmes en certaines circonstances, se faire à la fois manipulateur et manipulé en imagination nous aide à améliorer notre vigilance et notre éthique.

Ce chapitre, comme les autres, n'a pas pour objectif de changer le monde, d'autant plus qu'il est déjà difficile de s'améliorer soi-même. Remettre le karma de tous les êtres à zéro d'un coup de baguette magique est impossible. Par contre la prise de conscience d'une manipulation permet de se libérer de ses effets intérieurs même quand l'affranchissement extérieur est impossible (comme dans les dictatures).

*
* *

Voici par ordre alphabétique une liste non exhaustive de procédés d'informations susceptibles de dissimuler une manipulation :

- **L'abus de confiance**

Il ne se voit qu'après coup. Il a lieu quand l'informateur transmet des informations fausses à des personnes qui lui font confiance, sachant qu'elles ne les vérifieront pas.

- **Les arguments faux**

Ils existent quand on divulgue des raisons mensongères pour appuyer une manipulation particulière.

- **L'asservissement graduel**

Il consiste à édicter une série de petites contraintes suffisamment espacées pour que la précédente soit acceptée, et parvenir ainsi de manière imperceptible à une importante servitude. Il est important d'examiner les différentes contraintes dans leur ensemble, d'observer leur trajectoire et de comprendre leur objectif.

- **La bizarrerie ou irrationalité**

Elle est attestée lorsqu'on ne réussit pas à trouver une rationalité dans l'information transmise, quand il y a des arguments invraisemblables, quand on ne comprend pas pour quelle raison ni dans l'intérêt de qui l'information est communiquée. Lorsqu'elle est involontaire, l'irrationalité n'est pas contraire à l'éthique, mais ne peut être prise en compte du fait de son manque de cohérence. Il n'en est pas de même lorsqu'elle est conçue dans un but de manipulation.

- **Le cadeau qui enchaîne**

La technique du «cadeau qui enchaîne» consiste à faire une

promesse positive conditionnée à une servitude, et de s'arranger pour que la promesse positive soit irréalisable, ne laissant que la servitude qui semblera librement consentie. C'est une supercherie qui permet de travestir de la haine en bienveillance, un moyen de paraître de bonne volonté devant le public, quand les objectifs réels sont inavouables. Cette technique est contraire à l'éthique puisqu'elle est basée sur le mensonge et le mépris. Elle est nuisible aux personnes qui subissent les dommages d'un espoir déçu.

- **Le chantage**

Les informations par « chantage » surviennent quand un informateur oblige un tiers à transmettre une fausse information en le menaçant par exemple de révéler des aspects scandaleux de sa vie. Ces informations sont contraires à l'éthique car le chantage est la manipulation d'une personne dont on enlève la liberté de choix.

- **Les concepts déstabilisants**

L'utilisation de concepts déstabilisants, terrifiants, comme les mots danger, urgence, sécurité, catastrophe, guerre, complot, désastre, terrorisme, effondrement, etc. sans réelle correspondance avec les faits permet de mettre le public en état de faiblesse émotionnelle pour mieux le manipuler. Une telle utilisation, nuisible à la paix d'autrui, est contraire à l'éthique.

- **Les contradictions**

Elles peuvent être internes à une publication de l'information ou apparaître d'une version à l'autre dans les moutures successives de l'information. Ce procédé peut être utilisé pour égarer le public, pour le troubler dans ses certitudes, lesquelles proviennent souvent de la répétition du même. Les contradictions portent atteinte à l'éthique si elles sont faites volontairement pour égarer le public et cacher la vérité.

- **La corruption**

Elle consiste à monnayer des influenceurs pour qu'ils acceptent de transmettre une fausse information dans un intérêt personnel. Elle ne se voit pas directement mais en examinant l'information, l'informateur et les liens d'intérêt dans les médias. La corruption de l'informateur et des médias est dans tous les cas contraire à l'éthique.

- **La culpabilité**

Le terme « culpabilité » se réfère à une communication qui tente de générer un sentiment de culpabilité dans le public. Pour arriver à ses fins, l'influenceur utilise la peur et la faiblesse qui résultent du sentiment de n'avoir pas fait son devoir. La plupart du temps, les arguments sont faux, et même s'ils sont vrais, cette façon de procéder est contraire à l'éthique puisqu'elle trouble la part émotionnelle du public qui « se sent obligé »...

- **La délation**

L'encouragement à la « délation », implicite ou non, porte atteinte à l'éthique puisqu'elle nuit aux personnes dénoncées et crée un climat de suspicion nuisible au bien vivre ensemble.

Certaines délations ne sont pas immorales, quand il s'agit par exemple d'empêcher un criminel de nuire à autrui. Là encore, ce procédé peut être détourné si le criminel en question a pour seul crime d'être un ennemi politique par exemple.

- **Le demandeur malgré lui.**

Le public est institué demandeur d'une mesure que l'informateur a instillée en lui. Sont utilisés l'endoctrinement mensonger (instillation d'un mensonge) et le retournement (l'informé devient l'informateur).

- **La division**

L'appel à la division consiste à répandre des informations susceptibles de diviser le public. Source de haine, il est contraire à l'éthique.

- **La fermentation naturelle, le panier de crabes**

La technique de la « fermentation naturelle » est constituée d'un ensemble d'ingrédients destinés à faire peur, à créer des divisions et des haines, de tout un arsenal de mesures qui par fermentation émotionnelle génèrent un malaise facilitant la manipulation. En effet, une personne en état de frayeur, de choc, de colère, perd tout discernement et est incapable de prendre les décisions adaptées à la situation. Cette technique est contraire à l'éthique puisqu'elle bloque le discernement.

- **La gravité disproportionnée**

Elle consiste à prendre un ton trop grave pour une affaire de modeste importance. Ceci peut être fait dans le but d'intensifier l'émotion du public, afin de le détourner de la raison. Quand elle est prise dans ce but, elle porte atteinte à l'éthique, mais si elle est involontaire, elle peut être le signe d'une angoisse de l'informateur, sans réelle intention de nuire.

- **Le harcèlement, la répétition obsessionnelle**

Le harcèlement consiste à répéter une information à longueur de journée pour amplifier son importance, dans le but d'engendrer une croyance, de déstabiliser ou d'affoler le public, suivant la nature de la répétition. Lorsqu'elle est effectuée dans le but de conditionner le public à accepter une manipulation, elle est contraire à l'éthique.

- **L'inversion**

Le fautif qui devient le sermonneur : L'inversion, qui consiste à fustiger un adversaire à propos de ses propres travers, permet de donner l'impression d'une honnêteté et en même temps de déprécier un opposant. Elle est contraire à l'éthique par le mensonge et la haine. Le promoteur de l'inversion a tendance à parler très fort et en premier pour simuler un état de choc.

La nuisance qui devient un bienfait ou le bienfait qui devient une nuisance : L'inversion qui consiste à désigner comme un bienfait ce qui est en fait une nuisance est mensonger et nuisible, donc contraire à l'éthique. Le contraire est également vrai. Déclarer par exemple qu'une manifestation pour la liberté est un danger pour la liberté.

- **L'invraisemblance**

L'invraisemblance peut être utilisée pour sonder le degré de crédulité d'une population ou pour ramollir ses réactions (Cf. bizarrerie).

- **L'isolement**

Les informations de « confinement » qui visent à isoler les individus sous des prétextes non justifiés ou exagérés sont un moyen de les affaiblir émotionnellement, de les empêcher de réagir en groupe, ce qui facilite grandement leur manipulation. Régies par le mépris et portant atteinte à la liberté, elles sont contraires à l'éthique.

- **Le leurre**

Le leurre consiste à attirer l'attention sur une information secondaire pour qu'une information nuisible plus importante passe inaperçue.

- **Le mélange du précis et du vague**

Le mélange du précis et du vague permet de ne pas préciser une information qui irait à l'encontre de la propagande désirée. Par exemple dire que « 80 % » de la population a reçu une bouteille de vin qui était aigre dans de « très rares » cas, quand en réalité il était imbuvable dans 20 % des cas.

- **Le mensonge**

Le mensonge est une méthode très utilisée qui consiste à dire ce qui est faux en sachant que c'est faux.

- **Le mensonge systématisé**

Le mensonge systématisé est une technique de l'absurde qui permet d'instiller dans le public un doute malsain. L'idée peut être de détruire la part rationnelle du public, ne lui laissant que l'émotion de la peur, etc. Par exemple répéter à longueur de journée qu'il n'y a plus d'eau alors que les fontaines débordent.

- **L'infantilisation**

La technique d'« infantilisation » consiste à transmettre une information comme on le ferait à un enfant, de présenter des consignes en y intégrant des punitions, des conseils puérils ou humiliants, etc. Elle est contraire à l'éthique puisque l'humiliation de personnes est génératrice de colère ou de peur.

- **La menace**

Elle consiste à contraindre quelqu'un de manière agressive pour arriver à ses fins.

- **Le panier à salade**

Cette technique est utilisée par les entreprises pour se débarrasser d'une partie de son personnel. Elle consiste à déplacer continuellement les sites de travail pour que certaines personnes trop éloignées du nouvel emplacement finissent par démissionner. Le procédé est identique sur le plan de l'information (par exemple changer constamment de consigne) ; il permet ici de désorienter et de paralyser le mental. Cette technique est proche de la celle qui accumule les contradictions.

- **La personnalité**

La propagande par l'intermédiaire d'une « personnalité » permet d'amplifier la croyance en une information. On peut utiliser une personnalité « addictive » ou une personnalité « épouvantail ».

- **La peur**

La technique qui consiste à faire peur est largement utilisée dans les dictatures, les pouvoirs totalitaires, certaines entreprises pour.

- **La piège à peur**

La technique consiste à installer la peur chez un public fragile pour le diriger vers l'acceptation d'une solution nocive. Dans l'angoisse, le public cherchera la première issue qui lui semblera la seule possible, et cette solution, recherchée dès le début par l'informateur, est nuisible ou liberticide. Par exemple faire craindre une maladie pour obliger les gens à prendre un remède empoisonné que l'on proclame comme étant l'unique solution. Cette technique n'est possible que sur des individus en mode croyance. Ceux qui se comportent en mode discernement feront l'objet de traitements plus brutaux, comme le chantage, la suppression de revenus vitaux ou l'emprisonnement.

- **Le pot-de-vin**

Les informations par « pot-de-vin » surviennent quand un informateur convainc un tiers de transmettre une fausse information en le gratifiant d'une somme d'argent proportionnelle à l'énormité du mensonge demandé. Ces informations sont contraires à l'éthique car elles relèvent de la manipulation d'une personne dont on déforme les critères de choix à son propre avantage. Souvent le pot-de-vin est complémentaire de la menace, comme donner un pot-de-vin aux décideurs qui se chargeront de menacer leurs subordonnés. Cette technique est d'un bon rapport qualité / prix puisqu'elle permet d'atteindre beaucoup de gens en ne rétribuant qu'un petit nombre.

- **La réduction de peine**

Cette technique consiste à communiquer au public une information liberticide ou très lourde financièrement, puis de la réduire pour donner l'impression d'un allègement, par une fausse bienveillance calculée.

- **Le silence sur les échelles**

Ceci a lieu lorsqu'on donne deux chiffres sans indiquer les échelles. En général il s'agit de rehausser arbitrairement un chiffre par rapport à un autre pour aller dans la direction recherchée. Par exemple comparer le nombre de morts en France et en Inde sans mentionner que l'Inde comporte vingt fois plus d'habitants que la France.

- **Le silence sur les sources**

Ceci a lieu quand on cache les sources des informations, souvent parce qu'elles ne sont pas fiables, qu'elles sont contraires au discours divulgué ou qu'elles ont des liens d'intérêt. Ceci s'effectue dans le cadre d'une manipulation.

Cette liste n'est pas exhaustive. Il existe beaucoup d'autres critères d'invalidité d'une information publique qui varient selon la culture, les croyances et les mentalités.

Remèdes en cas d'invalidité d'une information publique

Lorsque qu'une information publique nous semble invalide, après accomplissement de toutes les vérifications à notre portée dans un état paisible et lucide, il est nécessaire de faire preuve de bienveillance vis-à-vis d'autrui, par exemple en répondant aux éventuelles questions par des arguments, en donnant notre avis sans ajouter que nous détenons la vérité, en présentant des sources qui nous paraissent sures, etc. Si ces personnes fonctionnent en mode croyance au moment de la rencontre, il est difficile de les sensibiliser de cette façon car leur mental est trop étroit pour laisser de la place à un autre avis. Il est donc nécessaire d'être prudent pour éviter des réactions disproportionnées de leur part, qui leur seraient nuisibles karmiquement.

Une information invalide est très embarrassante, puisque l'informateur perd notre confiance, et que tout ce qu'il dira par la suite risque d'être taxé de mensonge.

Au niveau extérieur, on peut rechercher l'information vraie correspondante, si elle existe. Il est crucial de vérifier les sources. Un point important est de ne pas se rallier à l'avis du plus grand nombre, sous prétexte que la quantité est garante de la vérité ou par simple paresse. Il est nécessaire de conserver sa lucidité pour ne pas tomber dans le piège de professionnels de la manipulation.

Sur le plan de l'intériorité, les méditations favorisant le calme mental sont positives, ainsi que des pratiques qui développent la bienveillance et la compassion. Le mieux est de se libérer du conditionnement karmique par des méditations libératrices.

Un informateur qui ment par exemple pour augmenter ses gains, est une personne affligée par la cupidité. Son erreur est de croire que le bonheur authentique puisse venir de conditions matérielles, que celles-ci combleront ses manques, comme si une souffrance qui est d'ordre spirituel pouvait être apaisée par un profit matériel. La richesse ne rend pas immortel, mais provoque parfois la folie de le croire ; les conséquences peuvent être dramatiques.

Pour conserver une attitude apaisée vis-à-vis de l'informateur, on peut utiliser la prise et le don :

> [...] J'absorbe les souffrances de cet informateur, j'absorbe son karma négatif et sa cupidité dans l'essence vide de mon être profond,
> Et je lui offre la joie authentique, ainsi qu'à tous les êtres. [...]

Il faut se garder de prendre l'informateur comme bouc-émissaire de notre propre colère, au risque de l'amplifier et de la transformer en haine (solidification de la colère). L'important pour une personne en cheminement est de rester tranquille en toutes circonstances. On peut profiter de l'information invalide pour méditer sur la contrariété et la déception, et ainsi progresser sur le chemin. En effet la réception d'une information importante que l'on sait fausse après vérification, peut entraîner un sentiment de déception, surtout quand beaucoup d'autres personnes y souscrivent, nous révolter et nous aigrir petit à petit. L'aigreur est aussi un obscurcissement, une fermeture de l'esprit, une contrariété chronique. Une déception peut indiquer que nous attachons trop d'importance à nous-mêmes par le canal de nos attentes. Des méditations sur l'ego et l'orgueil peuvent être utiles, comme celle où l'on observe que le « moi » n'est ni dans le corps, ni dans l'esprit, et qu'en fait il n'est trouvable nulle part, ce qui réduit l'importance qu'on lui prête. On peut également méditer sur l'aspect illusoire de nos attentes.

La contrariété appartient à la famille de la « colère haine », dont l'un des remèdes est la méditation sur l'amour bienveillant qui utilise la concentration sur la souffrance imprégnant l'esprit de tous les êtres.

Si la solution externe dépend rarement de nous, le remède intérieur consiste toujours en une transformation de la difficulté en chemin positif par des méthodes verticales, c'est-à-dire à l'abri de l'ego.

Une telle information publique invalide peut nous paraître sans intérêt, tandis qu'elle revêt une extrême importance pour d'autres. Dans tous les cas, il est nécessaire d'agir comme si elle nous concernait, car les autres tout comme nous sont prisonniers du carrousel mondain (samsara). Il est positif de se mettre à la place des personnes subissant de plein fouet l'information invalide. Ainsi notre ouverture à autrui deviendra de plus en plus vaste, au détriment de l'ego.

Pour revenir à la solution externe, il est utile de considérer l'importance de l'information chez les autres, et de faire preuve de bienveillance en les informant de la supercherie. Il est plus facile d'informer un individu qui agit en mode discernement, et pourtant ce sont les personnes en mode croyance qui sont les plus nombreuses et les plus manipulables. On peut être en mode croyance dans certains domaines et à certains moments, et en mode discernement dans d'autres circonstances. Un individu habituellement en mode discernement peut passer en mode croyance temporairement à cause d'un coup d'humeur ou d'une fatigue. Pour savoir dans quel mode se trouve quelqu'un, il suffit souvent d'observer ses réactions.

Avant la rencontre, on peut passer quelques instants à la « prise et don » :

> [...fumée noire] J'absorbe les souffrances de mon futur interlocuteur,
> Et je lui offre tous les instants de paix et de bonheur de toutes mes existences.
> [...lumière blanche]

Pour résumer, lorsque nous avons affaire à un individu en mode croyance, nous exprimons les choses le plus doucement possible, sans insister, tandis qu'en mode discernement, nous pouvons donner des arguments plus précis, faire part de nos investigations. Être trop assuré en face d'une personne en mode croyance peut renforcer sa propre conviction sur le sujet, par esprit de contradiction ou pour tout autre constituant de sa propre alchimie psychique. En outre, l'hypothèse que nous avons tord doit toujours rester présente si nous voulons nous adapter à toutes les situations. On peut également relativiser les choses, car pour l'ultime, le théâtre mondain n'est qu'illusion.

Remèdes en cas de manquement à l'éthique d'une information publique

Le manquement à l'éthique d'une information publique revient à une nuisance par la parole. Une information polluée par la corruption, lorsque par exemple elle annonce un grand bénéfice d'un produit en réalité nuisible, parce que le fabricant veut en tirer un grand profit, et qu'il soudoie ou menace des informateurs pour arriver à ses fins, peut entraîner d'importants désastres.

Le plan extérieur, où les actions visant à la protection des utilisateurs s'accomplissent en fonction des possibilités prévues par les lois, n'est pas l'objet de ce cahier. Cependant il est nécessaire que les personnes qui subissent les conséquences d'une information nuisible puissent conserver l'esprit serein. En effet, ne serait-ce que pour gérer les actions extérieures, un esprit paisible sera beaucoup plus efficace qu'un esprit en colère ou en souffrance, puisque sa stratégie sera plus posée, plus vaste et plus conforme à l'éthique. En outre, la capacité de rester calme dans cette situation peut être mise à profit pour progresser sur la voie, car le cheminant sera face à une situation réelle, plus difficile à résoudre que celles qu'il côtoie dans le laboratoire de la méditation.

Un être n'ayant aucune motivation pour la sagesse aura tendance à exprimer sa colère, à vouloir se venger, punir le responsable, etc. Le cheminant pourra agir, par ex. empêcher les responsables de nuire, par des actions conformes à son rôle dans le théâtre mondain, mais sans esprit de vengeance, sans colère ni mollesse. Il est nécessaire de se souvenir que les responsables sont les victimes de leurs afflictions (cupidité, haine, égoïsme par exemple), et que ce sont ces afflictions qui sont les véritables causes de la nuisance.

> [...] J'absorbe les souffrances, les actes, les pensées et les paroles des êtres immoraux,
> Et leur offre le mérite de tous les actes, les pensées et les paroles de bienveillance compassion de toutes mes existences. [...]

Concernant l'informateur, indépendamment du traitement effectué par la justice en cas de condamnation, il faut considérer le problème au niveau spirituel. Les actes de l'informateur et associés auront pour effet d'alourdir leur karma, et d'engendrer un futur défavorable, peut-être insupportable. Il ne s'agit pas ici d'une punition mais d'un effet « mécanique ». La solution pour les « responsables » au sens karmique est de réduire les effets nocifs de leurs actes, et de se libérer de l'emprise des afflictions qui les ont poussés à agir en nuisant à autrui. Les nuisances graves peuvent être le signe d'un fort obscurcissement de la conscience, où la notion de bien et de mal peut disparaître, où la faculté de jugement est déviée et même inversée.

La prise et le don permet de développer notre bienveillance

dans une telle situation :

> [...] J'absorbe les souffrances de cet informateur et de ses associés, j'absorbe leur karma négatif, les empreintes karmiques enfouies dans leur continuum de conscience, toutes leurs afflictions, les plus légères et les plus graves, dans mon être essentiel,
> Et je lui offre le bonheur définitif, ainsi qu'à tous les êtres. [...]

Su une personne prend conscience qu'une fausse information lui a été transmise pour la conduire à participer à un acte nuisible, elle peut subir un choc. Par exemple, un escroc demande un financement pour un projet qui s'avère être criminel. Lorsque les financeurs sont mis au courant de l'abus de confiance, ils peuvent être blessés, éprouver de la colère, etc.

Sur le plan d'une recherche de sagesse, il faut considérer deux dispositions mentales. La première concerne l'esprit étroit, dualiste, complètement subjugué par les événements mondains, soumis au karma et aux afflictions, dans un monde subissant la loi machinale du karma, souvent happé par le gain, l'addiction, les haines, la vengeance, etc. La seconde se rapporte à la libération de cet absurde conditionnement, l'état qui transcende le karma. Le cheminant se situe entre ces deux dispositions. Une importante question se pose donc quand nous sommes en face d'une information délétère, ou de toute autre situation difficile, la question de savoir ce que l'on veut : rester dans la première disposition ou prendre la posture qui permet d'accéder à la seconde. Ce choix est celui de décider entre une vie mécanique, mi-animale mi-robot, et une vie libre et bienveillante.

Le remède intérieur en cas de découverte de l'aspect erroné

d'une information publique est donc d'observer nos propres réactions, par exemple la colère, la tristesse, le sentiment de dégoût, de déshumanisation, et de se purifier des afflictions correspondantes, en commençant par celle qui domine. Cette fausse information est mise à profit pour examiner nos réactions et notre état intérieur. Ensuite, on utilise les outils méditatifs ou autres pour se purifier des afflictions encore agissantes.

Avantage du discernement

La manipulation fonctionne beaucoup moins bien chez les individus qui vivent en mode « discernement », car leur vigilance et la connaissance de leurs propres travers leur donnent une vision plus juste de la duperie divulguée par des influenceurs mal intentionnés. Bien sûr, il y a toujours des cas où la fausse information n'est pas détectée, mais cette erreur est beaucoup plus rare que chez les personnes qui, par esprit de troupeau, demeurent en mode croyance.

Par naïveté celles-ci sont en effet tentées de prendre l'information pour argent comptant. Leur propre sectarisme peut les gêner également car elles seront alors poussées à juger l'information d'après leurs certitudes ou idéaux personnels. L'information d'un tel sera considérée comme bonne parce qu'il appartient au même groupe.

Les pratiques de sagesse améliorent notre discernement et permettent de mieux nous comporter face aux fausses informations dans la vie quotidienne, grâce à la patience et une vue de la situation moins altérée. Il en résulte une certaine efficacité dans le rôle qui nous revient dans le théâtre mondain, sans apport de violence. Toute amélioration éthique d'un individu particulier reflétera sur tous les autres, par l'effet de l'interdépendance entre tous les êtres et la nature.

Dictature

Les trois paragraphes qui suivent (Différents types... à Discernement et dictature) examinent les influences d'une dictature sur l'esprit dans les deux modes : croyance et discernement. Le terme de « dictature » utilisé ici regroupe toutes sortes de systèmes basés sur l'égoïsme, le mépris et la déshumanisation comme la tyrannie, l'absolutisme, l'autoritarisme, le despotisme, le césarisme, l'autocratie, le totalitarisme, etc. Il embrasse les champs politique, économique, social, écologique... Il peut être circonscrit à une entreprise, un village, une ville, un pays, un continent, la terre entière… L'idée est la même : une autorité muselle ses administrés par intérêt personnel, sans se préoccuper d'éthique ni de bien commun. Intérieurement le dictateur est un malade de la conscience à l'ego boursouflé et la lucidité profondément ténébreuse.

Dans ce cahier tourné vers la sagesse, l'objectif est de se servir de cette situation calamiteuse pour progresser sur le chemin. Une telle circonstance peut être considérée comme un obstacle, puisque la présence de la peur et du doute peut renforcer des afflictions comme la haine et la stupidité (volonté de ne pas voir). La voie demande de transformer les obstacles en progression vers la sagesse, en renforçant sa lucidité, son discernement, sa tranquillité et sa bienveillance, sans se laisser capter ni perturber par la folie régnante.

Les esquimaux doivent supporter des froids intenses, et ils trouvent des solutions sans hurler de colère. Celle-ci serait d'ailleurs contre-productive. Les conditions météo sont parfois insupportables. Pourquoi sortir de ses gonds ? En quoi cette hargne permettrait de mieux gérer le problème ? Une population aux mains d'un dictateur doit supporter de lourdes contraintes. En quoi la colère permettrait-elle de mieux s'interposer à la dictature alors que l'outil de la raison quand elle se fait disciple de la sagesse est plus que jamais nécessaire dans cette situation ? La solution est d'éliminer ses propres afflictions (orgueil, colère, peur, égoïsme) ce qui permet de conserver une sérénité et de gérer les contraintes extérieures d'une manière saine.

Un autre intérêt des moments de dictature est de réduire l'addiction au théâtre mondain*, ce qui motive pour aller plus loin, pour comprendre la vie de manière plus vaste, et clarifier sa position dans l'univers.

Différents types de dictature

La dictature est toujours reliée à une volonté de domination. Chez le dictateur, il y a donc immanquablement de l'orgueil, de la haine et de l'avidité. Parfois l'idéologie et l'orgueil intellectuel prennent une place importante dans son mental à tendancel psychopathique. La domination peut être vue comme une avidité irrépressible, une volonté de tout posséder y compris les esprits, ou comme une haine, une volonté de détruire l'altérité.

On peut différentier les dictatures en différents types selon les afflictions mises en jeu. On en examine deux : la dictature de la colère (la haine de la population), celle de la cupidité (le désir de tout posséder). La dictature de la technocratie (la haine de la population et de la nature), est une version moderne de la dictature de la colère. Les dictatures réelles sont portées par les afflictions de colère et d'avidité dans diverses proportions. Un dictateur est avant tout un malade de la conscience et de sa fille la morale, et c'est cet obscurcissement difficilement réversible qui lui permet de détruire des vies en toute irresponsabilité.

L'objet de ce cahier étant la transformation intérieure en vue d'une libération de la souffrance, on y fait référence aux afflictions de colère et de cupidité, plutôt qu'aux aspects extérieurs sociaux, économiques et politiques.

Pourquoi devient-on dictateur ? Pourquoi un être humain se voile autant la conscience graduellement ou à un moment donné de son existence ? Parmi les causes internes, il y a certainement une prédisposition due à un lourd karma négatif résultant de ses vies antérieures. Pour rappel, dans le théâtre mondain on appelle conscience l'aspect souillé de la conscience, la conscience déviée par la dualité et obscurcie par les afflictions. Chez un dictateur, c'est l'obscurcissement qui pose problème, la déviance propre à la dualité étant commune à tous.

Le karma passé va créer des tendances propices à l'avidité, l'orgueil et la haine, autrement plus puissantes que chez la moyenne des êtres humains, qui aveuglent le dictateur au point qu'il ne perçoit plus qu'un monde simplifié, totalement distordu et déshumanisé, dont il est le maître absolu et où les autres sont relégués à l'état de marionnettes. Son délabrement spirituel est tel qu'il est incapable de travailler sur lui-même, de s'améliorer, de pratiquer l'altruisme, la bienveillance et la compassion.

Le dictateur doit ensuite trouver un terrain propice à l'extension de son délire, et il le trouve dans des personnes qui sont prêtes à le croire et à le suivre, souvent pour des raisons karmiques similaires ou par opportunisme. Cette agrégation délétère est possible parce que ces personnes sont en mode croyance tout comme le dictateur, mais à la différence de ce dernier elles croient en son étoile tandis que le dictateur ne fait confiance qu'au reflet déformé qu'il voit dans son miroir. Un dictateur ne peut fonctionner en mode discernement, par manque de discernement intérieur (il lui faudrait une lucidité par rapport à lui-même, et en particulier la prise de conscience que ses afflictions sont des erreurs), et il doit se contenter d'un simulacre de discernement ayant pour base ses tendances obscures et ses perturbations mentales.

Ce qui différencie un dictateur d'un être ordinaire, c'est le poids de son karma négatif, sa puissance d'action et son adéquation avec un karma commun suffisant. On peut y ajouter son obscurantisme, ses liens occultes, le rôle important joué par l'opportunité, etc.

Pourquoi les suiveurs du dictateur sont-ils en mode croyance ? Ces personnes peuvent être d'une grande intelligence, mais le manque d'espace vierge dans leur mental empêche une imprégnation du haut, une connexion avec le non conceptuel, aussi leur discernement se bloque dès les premiers instants de fascination (aveuglement) envers le dictateur. La fascination est un espace opaque qui se substitue à l'espace clair développé dans les pratiques spirituelles. La coupure des suiveurs d'avec la verticalité empêche leur clairvoyance de s'exercer tant qu'ils demeurent dans cette fascination, et cela peut durer des années, même toute la vie. Aussi sont-ils comme des êtres tronqués enchaînés à une illusion remarquable. Leur intelligence s'exerce exclusivement dans une bulle dont ils ne peuvent s'extraire…

Dans la société fantoche produite par la dictature, deux groupes sont protagonistes : d'une part le dictateur, ses disciples et sympathisants, et d'autre part les administrés. Nous n'examinons ici que les administrés, ceux qui subissent l'arbitraire du dictateur, qu'ils soient ou non sous sa fascination.

L'antidote à la colère est la bienveillance et la compassion, le remède à la cupidité : la générosité. Il est évident qu'il est impossible de rendre un dictateur bienveillant, compatissant et généreux par quelques tapes sur l'épaule, puisque l'orgueil et la haine sont très consolidés dans son esprit.

La dictature de la colère

Il règne dans le pays une atmosphère étouffante de peur, de non-dits, de délation, de déni, de privilèges, de justice arbitraire, d'asservissements, de violence, de torture, etc.

Le dirigeant craint tellement de perdre le pouvoir qu'il détruit

« tout ce qui bouge », à part ses inféodés, engendrant ainsi la peur dans la population. Son pouvoir ne tient que par la terreur. Il s'ingénie à humilier les habitants de son fief par toute sortes de contraintes absurdes. Il les rend dépendants, y compris du nécessaire vital, il favorise les délateurs et autres individus haineux, confus ou pleutres, il surveille constamment la population, etc. Il peut être intelligent, mais il a perdu toute éthique, tout sens des responsabilités et toute humanité.

La dictature de la cupidité

C'est une dictature où le pouvoir ne provient pas de la force brute mais de l'accumulation de richesses. Le futur dictateur prélève l'argent de la population par des moyens commerciaux ou financiers. Sa fortune devient colossale, et il peut arroser des gouvernants, des ministres, des castes peu scrupuleuses, et les convaincre de le suivre dans ses projets douteux. Les dirigeants des médias et autres influenceurs sont également bien arrosés. Il peut également jouer sur un chantage à l'emploi, se mettre dans la poche des magistrats approximatifs, etc. En bref, il peut fausser complètement l'organisation d'un pays par le pouvoir de l'argent distribué à des individus dévoyés placés aux postes clés. Il aura la faculté de s'offrir certaines publicités, d'en interdire d'autres qui ne vont pas dans le sens de sa folie. Il apprécie également l'humiliation. C'est quelqu'un de très malin dénué de conscience morale. Sa maladie est spirituelle, comme celle de son grand frère le dictateur d'acier. La cupidité ou avidité n'est pas seulement liée à l'argent, elle désigne ici le désir d'englober tous les êtres dans ses lubies.

La dictature de la technocratie

La technique étant un moyen de supplanter la nature, un technocrate adepte de la technologie vit dans un monde virtuel déconnecté du monde naturel. La technologie étant une manifestation de concepts, le monde qu'elle fabrique est totalement dé-conscientisé. Le technocrate dirige ce monde sans se préoccuper de la population humaine réelle dans laquelle il ne voit que des prolongements de la technologie.

La technocratie est en général une haine de la nature, de ce qu'elle produit, de tout ce qui est naturel. En conséquence on trouve souvent chez les dictateurs technocrates la haine des enfants et de la procréation naturelle, et parfois une approbation de la pédophilie.

Tout se passe comme si la vision d'un tel homme ennemi de la nature le rendait extrêmement fragile à la mainmise d'êtres de mondes inférieurs qui les enfoncent dans la perversité, hors de la lucidité et de l'éthique humaines habituelles. Il peut alors évoluer vers l'état de dictateur par une sorte d'allégeance intérieure à un esprit infra-humain qui cherche à accéder à la lumière en s'unissant à une conscience humaine obnubilée par la fascination de la technique, c'est-à-dire du pouvoir de dépasser la nature mortelle.

Métaphoriquement parlant, c'est comme si des entités souterraines cherchaient les couches les plus friables, les plus fissurées de la terre, pour se hisser vers la lumière solaire, les imprégnant de plus en plus de leur toxicité.

Dans son orgueil infantile, le dictateur technocrate essaie de pallier son impuissance à dépasser la mort en contournant cette nature qui l'a créé mortel. Plutôt que de dépasser le matérialisme pour accéder à une immortalité spirituelle, il essaie paradoxalement d'y accéder par une voie matérialiste qui la dénie.

L'une de ses erreurs est d'ignorer que ce qui est né (notre corps) va nécessairement mourir, même si des rustines technologiques permettent d'allonger la vie.

Dictature et conscience.

Le thème de la dictature invite à traiter la conscience et la morale, toutes deux déficientes chez le dictateur. C'est la conscience dualiste souillée qui est atteinte, et non la conscience primordiale, car un dictateur a la même potentialité qu'un être éveillé. Mais il ne s'agit que de potentiel. Un être ayant réalisé la sagesse n'est plus assujetti aux afflictions, il est compassion et ne peut devenir un dictateur.

Dans son fonctionnement normal, la conscience est très souple, elle est vaste et lumineuse, mais quand elle est affligée, elle perd sa plasticité, devient étroite et ciblée. Plus précisément, la conscience est d'abord dégradée au moment où elle passe en mode égotique, c'est-à-dire quand elle devient conscience d'un objet au lieu de rester une clarté non attachée (au moi ni aux phénomènes). Une fois passée en mode égotique, elle subit la loi du karma et par suite elle est contaminée par diverses émotions négatives comme l'orgueil, la jalousie, la colère, etc.

Les afflictions sont plus ou moins fortes. Un individu normal est contaminé par des émotions affligeantes qui lui procurent un mal-être mais ne l'empêchent pas de vivre avec les autres. Chez un dictateur, la dégradation de la conscience est plus forte, la lumière est déficiente, les voiles sclérosés, l'espace mental écrasé. Sa nuisance est amplifiée par sa capacité de manipuler les autres. Il trouve des collaborateurs d'une conscience assez obscurcie pour accepter sa folie, sur lesquels il s'appuie pour mettre en œuvre sa haine ou son délire. La peur panique et la haine le possèdent à chaque instant, et sa conscience se blinde d'une cuirasse de manière irréversible.

Un tel malade peut bénéficier de facultés mentales normales. On observe seulement un « moi » hypertrophié, un orgueil implacable, une haine maladive, et d'autres afflictions moins conséquentes pour ses administrés. C'est l'impossibilité de prendre conscience de son mal ou la confusion sur la notion de mal qui rendent sa maladie dangereuse pour autrui.

Si un dictateur peut sévir tandis qu'un simple malade mental resterait sous la garde de la médecine spécialisée, c'est probablement parce que certains aspects de son idéologie trouvent un retentissement dans une partie clé de la population : un karma très négatif qui leur est commun arrive sans doute à maturité. Parfois tout un peuple est concerné ; parfois seul un nombre restreint d'individus, par exemple des possesseurs de richesses ou des tenants de l'autorité, entre dans ce courant destructeur. Cette même cause peut entraîner chez d'autres de la peur, un intense sentiment de fragilité, en fonction de leur passé karmique. Ainsi se crée une atmosphère « violence peur » propre aux dictatures.

Dictature et morale

Dans ce cahier, les termes morale et éthique sont considérés comme synonymes. On s'intéresse à présent à la relation entre la conduite humaine et le karma. Ce qui compte d'un point de vue karmique, ce sont les empreintes intégrées au continuum de conscience et qui concernent l'individu dans tous ses actes (pensées, paroles, actions).

Il arrive que l'on compartimente l'humain selon les domaines de sa vie. Ainsi un médecin suit une éthique particulière dans l'exercice de son métier, ce qui ne l'empêche pas d'en avoir une autre dans sa vie privée. Mais il s'agit de la même personne, et elle reçoit la rétribution des actes qu'elle a accomplis aussi bien dans sa profession que dans la sphère privée, le karma ne faisant pas la différence.

Un politicien (ou tout détenteur de pouvoir) reçoit donc la rétribution de ses actes de politicien aussi bien que de ses actes dans la vie privée. Il peut être amené à être nuisible envers de nombreuses personnes, même sans la moindre perversité, pour la simple raison qu'il est impossible de contenter tout le monde. La lourdeur de la rétribution karmique sera fonction du nombre d'individus concernés par les nuisances et par leur intensité. Les actes positifs feront aussi l'objet d'une rétribution mais sans annuler celle des actes négatifs.

Ce qui est valable pour un politicien l'est aussi pour un dictateur, mais dans des proportions beaucoup plus grandes en raison de l'ampleur de la nocivité. La rétribution peut créer chez lui des souffrances inimaginables dans le futur. C'est l'une des raisons pour lesquelles le métier de dictateur n'est pas enviable, au cas où, ne l'ayant pas encore compris, on commencerait à aiguiser ses incisives.

La morale est déficiente chez les dictateurs. En effet la question suivante : « Suis-je nuisible aux autres et à moi-même ? » qui devrait être formulée avant chaque acte ne s'est vraisemblablement jamais posée chez lui de manière pure, sans calcul politique.

La morale est l'aspect de la conscience qui apprécie les actes en fonction de la positivité ou de la négativité de leurs effets sur autrui et sur leur auteur. La notion de karma permet de l'expliquer. Selon ce concept, tout acte nuisible crée une empreinte négative dans le continuum de conscience qui se traduira, lorsqu'elle viendra à maturation, par une situation et des tendances défavorables dans une vie future. L'inverse s'interprète de la même façon. La connaissance de la loi karmique permet de se comporter moralement avec des règles simples et plus générales qu'une énumération d'interdits.

Cette façon de voir la morale peut conduire à calculer ses comportements afin d'aboutir à un futur plus heureux. Cependant il manque quelque chose de naturel, de spontané, dans une telle conception. Il faut aller voir plus haut que de telles arguties pour appréhender la morale d'une manière plus vaste. La nature de l'ultime donne des indices. En effet, l'ultime est au-delà de l'un et du multiple. Que l'on dise qu'il y a un bouddha ou qu'il y en a des milliards, dans les deux cas, c'est un peu faux.

Maintenant, on peut se pencher sur l'expression : « au-delà de l'un et du multiple », et essayer de sentir s'il y a en elle une « vérité » qui pourrait exister, mais sous forme dégradée, dans le théâtre mondain. On peut tenter ce petit exercice d'imagination :

On se place d'abord dans un état d'esprit paisible, non perturbé, jusqu'à ce qu'on se ressente soi-même comme une unité sans limites. Cela peut durer longtemps. Quand ce ressenti est bien stable, on s'imagine entouré d'une infinité d'êtres. Ils sont transparents et invisibles, mais ils sont bien là, nous sommes convaincus qu'ils sont là, nous ressentons leur présence dans toutes les directions de l'espace. On prend le temps qu'il faut pour vivre avec cette pensée de présence universelle. Lorsque nous sommes stabilisés dans ce ressenti, on imagine que chaque être sensible peut faire le même exercice que nous, et voir tous les autres êtres en lui, de voir un océan d'êtres. On prend également le temps qu'il faut pour ressentir le sentiment de chacun de ces êtres embrassant tous les êtres dans leur conscience. Ensuite, il ne reste plus qu'à se poser la question : « Puis-je être nuisible envers un seul être de l'univers ? » La réponse est dans le ressenti...

Croyance et dictature

Pour parvenir à s'installer, une dictature a besoin d'une

certaine partie de la population en mode « croyance ». On se rappelle que le mode croyance consiste en une succession de jugements rudimentaires : « Je crois, je ne crois pas, je suis indifférent. » Il est sous-entendu qu'il n'y a aucune réflexion, que le jugement est soumis aux tendances intérieures dominantes et aux influences extérieures.

Cette attitude, quand elle domine au sein de la population, est propice à l'instauration d'une dictature qu'un réseau efficace d'influenceurs se chargera de propager. Les gens sont mis sous « hypnose », et quand ils se réveillent, le dictateur et ses sbires sont confortablement installés dans les secteurs clés et les esprits.

Pour supprimer la dictature, il est nécessaire de créer un réseau de contre-influence auquel les individus en mode croyance finiront par se rallier. Le risque est que les contre-influenceurs créent une nouvelle dictature qui, fort heureusement, sera elle-même détruite un jour. Et aussi longtemps que les gens seront en mode « croyance », le processus va continuer, d'autant plus qu'au XXIe siècle la technologie de surveillance ne cesse de progresser en efficacité et de se répandre géographiquement…

Discernement et dictature

Le discernement, dans le cas d'un pays aux mains d'une dictature, permet d'éviter les influences pernicieuses venant de celle-ci, c'est-à-dire de conserver un mental sain capable de s'adapter à la situation. L'autre intérêt est de se servir de cette situation malveillante pour avancer sur le chemin.

Avant de commencer l'examen du discernement dans un contexte de dictature, il peut être important pour les personnes qui cherchent de la chaleur dans les relations, d'examiner le lien entre le discernement et le domaine affectif. D'un point de vue émotionnel, on trouverait son compte plus certainement dans la croyance que dans le discernement, lequel paraît froid, sec et carré, comme la raison. Ceci est certainement vrai pour le discernement tel qu'il est pratiqué dans le théâtre mondain. Mais il s'agit ici de son utilisation dans le cadre d'un chemin*, où la « technique » du discernement ne s'effectue pas dans des limites étroites exclusivement conceptuelles, mais en union avec tous les êtres. C'est dans cette tendresse universelle accompagnant la bienveillance que s'effectue le discernement aussi bien intérieur qu'extérieur. Ce discernement ne sert pas à juger un tel ou un tel mais à comprendre les innombrables défauts du théâtre mondain (samsara). Et lorsque nous voyons les défauts d'un tel, nous savons que nous en avons nous-même une pleine besace.

Le discernement en tant qu'obstacle à la dictature

Les personnes en mode « discernement » restent vigilantes, ne prennent pas pour argent comptant les vérités divulguées par les autorités et les médias pervertis, observent leurs actes, leurs amis, leurs appuis, leurs intérêts, elles réfléchissent longuement avec un esprit calme, non perturbé, avant de prendre une décision. Et même lorsqu'elles ont arrêté leur choix, elles poursuivent leur vigilance sans se laisser fasciner par la propagande. Aussi il est beaucoup plus difficile pour un dictateur de faire surface autrement qu'en utilisant la violence brute.

Le discernement n'empêche pas systématiquement l'instauration d'une dictature, mais il la ralentit, il la rend plus fragile, il démonte ses blindés idéologiques. Il peut convaincre d'autres personnes vivant en mode « discernement » et même certains adeptes du mode « croyance » lorsque les effets destructeurs de la dictature commencent à se révéler.

Ce cahier qui cible l'intériorité, présente l'intérêt de conserver une certaine sérénité tout en étant conscient de notre état mental dans le milieu adverse ou chaotique où sont mises en scène nos tendances et nos réactions émotionnelles.

Remèdes intérieurs à la dictature

La dictature, comme toutes les contraintes extérieures, agissent différemment sur les êtres en fonction de leur karma individuel et de leur travail intérieur. Certains s'en tirent bien, d'autres pataugent dans une marée d'obstacles à n'en plus finir. Les effets de la dictature sur notre esprit peuvent être atténués de la même façon que les dépendances karmiques, en utilisant des procédés verticaux.

Il est important de se libérer des afflictions afin de garder une lucidité suffisante pour s'affranchir des influences négatives.

Sur un chemin*, on peut se servir de cette situation défavorable pour transformer les énergies négatives en énergies positives.

La dictature de la colère se nourrit de la peur. Pour s'en libérer, nous devons nous affranchir de la peur, ce qui peut être effectué par des pratiques de pacification mentale, par des méditations sur l'impermanence qui permettent une stabilité dans des conditions changeantes, par le développement de l'ouverture bienveillante qui permet entre autres de ne pas condamner l'individu mais l'affliction qui l'aliène. En effet la compassion crée une fraternité indestructible entre tous ceux qui sont également prisonniers des cycles d'existences conditionnés, dictateurs ou non.

Ces méditations, et d'autres pratiques spirituelles, ne permettent pas de nous libérer de la dictature mais de son emprise délétère sur notre esprit.

La pratique de la prise et du don peut ajouter du baume dans notre esprit lorsque vient la tristesse, la peur ou la déception :

> [… nuage noir] J'absorbe le karma négatif des dictateurs, cause de leur cruauté,
> Et je leur offre la paix et la bienveillance que j'ai accumulées depuis toujours. [… lumière blanche]

Cette pratique permet de supprimer la colère que nous pourrions cultiver vis-à-vis d'un dictateur. En outre, il faut se rappeler que l'ennemi n'est pas le dictateur mais la haine à laquelle il s'est identifié et qu'il prend souvent pour de l'hyper-lucidité. Si nous supprimons la haine, il n'y aura plus de dictateur. Dans cette pratique, on fait comme si on pouvait retirer sa haine, le but étant de transformer notre esprit, de rendre notre compassion naturellement plus universelle.

Par l'absorption des souffrances et du karma négatif du dictateur, nous nous détachons de l'importance que nous donnons à nous-mêmes, ce qui nous libère de la peur.

La dictature de l'avidité se nourrit de la cupidité. Pour se libérer de cette dictature, ou plutôt de sa projection dans l'esprit, on se libère de l'affliction de cupidité en restant intègre malgré les alléchantes gratifications du dictateur ou de ses commensaux, c'est-à-dire en ne se laissant pas corrompre. Si personne ne sourit à la corruption lorsqu'elle frappe à sa porte, le dictateur par cupidité n'aura plus aucun pouvoir.

> [...] J'absorbe les souffrances des géants de la cupidité,
> Et je leur offre la paix et la générosité que j'ai accumulées dans toutes mes existences. [...]

Dans la réalité, les dictatures comportent des aspects de colère et de cupidité dans diverses proportions.

Tétralemme* appliqué à la peur

Nous allons utiliser le tétralemme* pour nous libérer de la peur. Voici les quatre propositions qui doivent être acceptées par l'intuition :

(1) la peur existe,
(2) la peur n'existe pas,
(3) la peur existe et n'existe pas,
(4) ni la peur existe ni elle n'existe pas.

On réfléchit alors sur chaque proposition une par une, en

utilisant l'intuition*. Dans le cas où l'on ne se sentirait pas capable de passer directement à l'intuition, on peut s'aider du paragraphe ci-dessous consacré aux commentaires, sachant qu'il vaut mieux les remplacer par ses propres réflexions.

Placement de l'intuition

Avec notre intuition, nous posons l'esprit aussi longtemps que possible sur les certitudes 1 à 4, silencieusement, sans les commenter, puis nous nous concentrons sur l'ensemble des quatre propositions.

Commentaires

Proposition 1 : « la peur existe ». Lorsque je me sens agressé, lorsque que j'ai un malaise, ou lorsque je sens l'approche de la mort, j'ai peur. Quelqu'un peut me dire : « ne t'en fais pas, ça va passer », cela ne réduit pas ma peur. Lorsqu'il y a une épidémie et que je pense à la possible contamination, j'ai peur. Je me sens paralysé, mes pensées sont bloquées, je ne vois plus d'issue. J'ai l'impression de ne rien pouvoir faire pour remédier à mon angoisse. Les portes semblent se fermer pour toujours. La peur m'empêche d'agir avec justesse face à la situation. Qui se permettrait d'avancer que la peur n'existe pas, que ce ne sont que des fantasmes, alors que tout mon corps est ébranlé, que mon esprit est perdu, que je sens la mort pour seule issue ?

Proposition 2 : « la peur n'existe pas ». Lorsque j'ai peur, je suis dans un état qui empêche toute action. Mais lorsque je sors de cette peur et que je regarde en moi ce qu'elle est vraiment, je m'aperçois qu'elle n'a pas de consistance. Comme actuellement je n'ai pas peur, je peux déjà comprendre qu'elle n'est pas permanente, qu'elle n'arrive que sous certaines conditions, et qu'en l'absence de ces conditions, elle disparaît aussi. Dans la méditation profonde, j'observe que la peur n'est pas réelle ; c'est une évidence pour moi en cet instant, je vois qu'elle n'est qu'une illusion.

Défauts de la croyance

Trois défauts de la croyance sont traités ci-dessous : la naïveté, le sectarisme et la stupidité.

La naïveté

La naïveté consiste à croire tout ce qu'on nous dit, sans aucune réflexion ni vérification. La tendance est forte à se laisser influencer. Cela survient lorsque la croyance se mue en une attitude d'acceptation sans discernement dans tous les domaines de la vie. Cette naïveté peut être très nuisible à soi-même, par exemple en se laissant embrigader dans des organisations douteuses.

Le sectarisme

Le sectarisme concerne un domaine particulier de la vie dans lequel on a une idée définitive, une croyance. Dans d'autres domaines, on peut être ouvert, mais dans celui-là en particulier, on refuse les idées des autres, et on finit par rejeter les porteurs de ces idées.

Le sectarisme est la certitude d'avoir raison, avec l'idée sous-entendue que les autres ont tort, qu'ils n'ont rien compris. Cette idée n'est même pas toujours sous-entendue, et les contacts avec les contradicteurs finissent parfois dans le sang.

La stupidité

La stupidité consiste à ne pas vouloir savoir, à faire l'autruche, etc. Il ne s'agit pas du tout d'un manque d'intelligence. Lorsque nous sommes en mode croyance, et que notre vision du monde est sclérosée, il se peut que nous ne voulions pas la changer et que nous refusions de réfléchir à des situations nouvelles. C'est cela la stupidité, et ce système de défense est favorisé par le mode croyance. La première stupidité de l'être humain est la croyance en l'ego. Elle a lieu à chaque instant lorsqu'on quitte la vue panoramique pour une vision unidirectionnelle, comme si l'on craignait l'absence d'amarre (l'illimité) et qu'on se réfugiait dans un ancrage fabriqué : le moi.

Moyens d'assainir la croyance

Pour éviter les travers de la naïveté, du sectarisme et de la stupidité, la croyance a besoin de composer avec le discernement.

La naïveté oblige à améliorer sa vigilance et son attention, à vérifier les informations considérées spontanément comme certaines, à chercher les sources, à vérifier aussi la probité et la compétence des informateurs plutôt que de tomber dans le piège du premier bonimenteur, surtout dans les époques où la rhétorique se restreint à l'art de mentir efficacement. Les informateurs qui font autorité demandent autant de vérifications que ceux qui n'appartiennent à aucun cénacle à authenticité garantie, parce que justement on leur concède une plus grande confiance sans vraiment connaître leurs compétences, leurs intérêts et leurs motivations. Ces vérifications ne sont vraiment utiles que pour des informations importantes ayant une incidence réelle sur la vie, et non envers les nouvelles égrenées pour divertir la marmite à gigoter.

En plus du discernement, le sectarisme oblige à développer la bienveillance et la compassion. Si quelqu'un appartient à un parti politique, il croit ses actions bénéfiques au pays, et un autre pensera de même vis-à-vis du parti pour lequel il milite, qui pourtant préconise le contraire du premier. Il peut s'ensuivre un sectarisme, avec la certitude d'avoir raison et l'autre tort. La croyance a créé un orgueil difficilement compatible avec une bonne relation. Il existe des méditations pour se libérer de l'orgueil, et d'autres pour développer la compassion, mais la plus haute consiste à réaliser la vacuité de nos croyances, c'est-à-dire leur aspect entièrement conditionné, impermanent et non substantiel.

Croyance et méditation

La méditation permet d'observer ce qui se passe en soi. Il est donc nécessaire d'avoir une honnêteté absolue par rapport à ce qui est observé ; il serait donc inefficace de mentir à soi-même en croyant avoir vu alors qu'on a seulement imaginé. Petit à petit, sans même s'en rendre compte, si on demeure dans cet état, on peut fabriquer un monde intérieur idéal, copie conforme de ce qui nous a été enseigné. Si après des années, il n'y a aucune amélioration, si nous avons aussi peu de patience, autant d'orgueil, autant d'addictions, etc. cela signifie que notre fabrication n'a servi qu'à changer d'illusion.

Pendant la méditation, la croyance est donc une perturbation qui exige toute notre vigilance, sachant qu'elle est toujours associée à l'apparition d'une dualité, d'un guetteur, de l'ego.

Mixage des modes croyance et discernement

Puisque le mode discernement est préférable au mode croyance, mais qu'il n'est pas à la portée des êtres ordinaires, sachant que la vie sans mode croyance serait intenable, l'idée est de s'entraîner à savoir quand il est utile de passer en mode discernement.

Le mode par défaut étant le mode croyance, la solution est la vigilance. Celle-ci permettra de détecter le moment où il est nécessaire de passer en mode discernement.

De quelle vigilance s'agit-il ? Elle est formée de la vigilance extérieure, celle que l'on a tous plus ou moins, qui est consciente des événements extérieurs, et de la vigilance intérieure qui est consciente des mouvements intérieurs, celle qu'il est nécessaire de développer par l'entraînement méditatif.

Lorsque nous percevons un événement extérieur, et qu'en

même temps nous voyons par la vigilance intérieure qu'il produit une réaction chez nous, nous passons en mode discernement tant au niveau superficiel qu'au niveau profond. Le niveau superficiel comporte l'analyse de l'événement à partir de toutes les données que nous possédons. Le niveau profond permet de voir le type d'affliction qui a déclenché notre réaction et de la traiter par la méditation ou à l'aide d'autres solutions verticales. Le plus profond des discernements intérieurs, celui qui transforme, consiste à réaliser la vacuité des phénomènes.

En absence de vigilance intérieure, nous sommes dans un état de torpeur, et ce que nous faisons est purement mécanique.

Supposons que nous sommes en mode croyance et que nous croisons un ennemi : si notre humeur est mauvaise ce jour-là, nous allons nous en prendre à lui de manière agressive. Par contre, si nous gardons une vigilance intérieure et extérieure, nous ne nous mettrons pas en colère, et nous jugerons la situation de manière calme avec notre discernement et notre bienveillance. Si nous avons quelques secondes avant la rencontre, nous pouvons faire une brève pratique de « prise et don » qui consiste seulement dans cette pensée :

> […fumée noire] J'absorbe toutes ses souffrances,
> et lui offre la paix et le bonheur. [… lumière blanche]

La première ligne peut se penser pendant l'inspiration tout en absorbant en imagination une fumée noire, et la seconde ligne pendant l'expiration en émettant une intense lumière blanche en direction de cet ennemi.

L'appellation « ennemi » n'existe qu'en mode croyance. En mode discernement, ce soi-disant « ennemi » est un être prisonnier des conditionnements mondains, comme tous les êtres ordinaires.

On pourrait croire que le calme intérieur est suffisant pour bien gérer une telle situation. C'est souvent vrai, mais le mode discernement complet (externe et interne) et profond (vacuité des phénomènes) permet de nous libérer de l'affliction émergente tandis que le simple calme se contente de l'endormir.

Discernement et chemin de sagesse

Pour parvenir à la sagesse, il est nécessaire de réaliser l'absence de nature propre du soi et des phénomènes, c'est-à-dire leur vacuité. En effet, une telle réalisation supprime toute saisie égotique, laquelle est génératrice de karma et donc de stagnation dans l'existence cyclique.

Le discernement utilisé dans les méditations libératrices porte donc sur la vacuité du soi et des phénomènes. C'est l'outil principal permettant la libération définitive de la souffrance. Ce discernement, appelé ici discernement libérateur (prajna), est différent du discernement ordinaire sous plusieurs aspects.

En premier lieu, ce discernement se pratique sans effort égotique, même si au début l'ego y participe, tandis que dans le discernement ordinaire, il y a un sujet qui discerne et un objet à discerner. Dans le discernement libérateur, l'esprit est dans un état de calme et de lucidité, sans conscience de soi. Il semble évident qu'une méditation destinée à se libérer de l'ego ne peut utiliser l'ego. C'est l'esprit qui reconnaît la nature des phénomènes pour ce qu'elle est. Cette pratique nécessite de pouvoir demeurer dans un état de calme et de lucidité pendant une longue période, ce à quoi on parvient par un entraînement de pacification mentale.

Une autre condition pour que le discernement libérateur puisse opérer, c'est d'avoir commencé à purifier ses voiles*, ce qui demande des pratiques de purification et des qualités de générosité, de morale, de patience, d'enthousiasme pour le bien, qui au fil du temps seront réalisées sans conscience de soi, naturellement, dans un total désintéressement.

Discernements « méditatif » et « quotidien »

L'utilisation du discernement en méditation peut servir d'entraînement au discernement quotidien. Si le but du discernement méditatif est la libération définitive des souffrances, il peut également améliorer le discernement ordinaire, car il développe la vigilance, la profondeur d'esprit, son caractère vaste, et la reconnaissance de ce qui est éthique ou non.

Le discernement ordinaire exige de la vigilance sans laquelle l'esprit laisserait passer sans les reconnaître des informations erronées ou contraires à l'éthique.

Ce même discernement est d'autant plus aigu que l'esprit est profond et vaste, qu'il embrasse toute l'épaisseur de l'information ainsi que ses différents aspects. La bulle mentale dans laquelle apparaît information est plus spacieuse.

Quand on avance vers la sagesse, on s'approche également de l'éthique naturelle, et c'est le cas par l'utilisation du discernement libérateur dans la méditation. Il est alors plus facile dans le quotidien de discerner l'éthique de l'immoral, dans une vue plus globale des choses. Par exemple, il est généreux d'offrir un couteau à une personne, sauf si une vue plus large permet de comprendre qu'elle a l'intention de s'en servir dans un but criminel.

Exemple d'utilisation du discernement

Dans ce paragraphe, on traite uniquement de l'aspect intérieur. Ce faisant, on participe à l'entraînement à la sagesse et d'autre part on assainit l'esprit en vue d'une action extérieure.

Voici l'ordre fictif, émanant d'une dictature, dont on se servira pour l'exercice : « Obligation est faite aux habitants de placer une caméra dans toutes les pièces de leur domicile ! »

Cerner la situation

Nous venons d'apprendre que le gouvernement nous contraint de placer une caméra dans toutes les pièces de notre domicile, caméra qui sera connectée à un système central de surveillance géré par un dispositif d'intelligence artificielle. À la base, il y a la volonté du dictateur de faire taire ses opposants afin de garder le pouvoir. Le projet lui a été présenté par un puissant lobby de la domotique auquel il est redevable, et approuvé officiellement par lui pour « garantir la sécurité du peuple ».

Voir les souffrances de l'informateur d'origine

Cette phase s'effectue avec le discernement ordinaire, dualiste. Le dictateur vit dans son théâtre personnel, fabriqué par la haine pour tout ce qui n'est pas lui. Il craint de perdre le pouvoir, d'être emprisonné ou même assassiné si la justice ou l'armée, jusque-là à ses ordres, se retournent contre lui. On peut résumer en disant que le dictateur souffre d'une hypertrophie de l'ego, avec une forte tendance à la haine, affliction ayant des conséquences sur sa stabilité mentale.

Prise et don sur les souffrances de l'informateur

> [...] J'absorbe les souffrances, l'orgueil et la haine du dictateur,
> et je lui offre tous les moments de paix, de fraternité et de bienveillance que j'ai accumulés dans toutes mes existences. [...]

Ce souhait permet de mettre notre mental dans une posture paisible et généreuse, sans ressentiment. Il doit être accompli avec sincérité et profondeur, et répété aussi longtemps que le dictateur nous reste en travers de la gorge. Cette méthode permet de conserver une paix intérieure face au tyran. Il est évident que c'est l'orgueil et la haine, façonniers invisibles du dictateur, qui sont les véritables responsables de sa cruauté.

Voir notre réaction

Notre réaction à ce diktat peut être très vive. Nous pouvons nous sentir humiliés, éprouver de la colère et un besoin de vengeance, ressentir une déception, une tristesse, un abattement, une atteinte à nos libertés, etc. Il faut alors profiter de cette situation défavorable pour la transformer en remède à nos afflictions et en cheminement vers la sagesse.

Méditer sur nos propres souffrances

Ainsi, si nous nous sentons humiliés, cela concerne l'orgueil auquel nous pouvons remédier par des méditations spécifiques, comme celle qui suit :

> Le problème est la saisie d'un soi auquel on s'accroche : « je fais ceci, je fais cela ». On commence par considérer la nature de la saisie, et on observe qu'elle n'est pas indépendante car il y a toujours quelque chose auquel s'attacher. Puis on réfléchit à la façon dont nous nous accrochons à nous-même comme étant spécial, unique, le centre de notre propre monde. À quoi nous accrochons-nous ? À quoi, concernant ce « nous », sommes-nous attachés ? À notre corps ?
> On pense alors aux différentes choses qui constituent notre corps. Dans laquelle se trouve donc ce soi auquel nous sommes tellement attachés ? Puis on se pose la même question pour nos consciences sensorielles, etc. Si nous ne pouvons trouver un soi dans aucune de ces parties, alors collectivement où pourrait-il bien se trouver ?
> Nous n'avons trouvé de soi dans aucune des parties de notre corps. Il s'agit simplement d'une illusion. Donc, puisqu'il y a rien à considérer comme étant nous-même, il n'y a rien à saisir. Cette compréhension va réduire la saisie que nous avons sur nous-même, l'orgueil et l'ego... *[résumé d'une méditation tirée du livre Lo djong de Shamar Rinpoché]*

Pour remédier à la colère, on médite sur la bienveillance et la compassion :

On réfléchit d'abord aux trois sortes de souffrance qui affligent notre esprit (la souffrance, la tristesse et la déception). Puis on s'interroge sur la quantité d'êtres qui souffrent de ces trois mêmes formes de souffrance. On voit comme chaque individu fourmi a un esprit et comment tout esprit, si petit soit-il, est affecté par ces trois sortes de souffrance. On essaie de ressentir la douleur de ces êtres, et on continue ainsi jusqu'au niveau de l'esprit humain. En percevant de quelle manière les autres, tout comme nous, éprouvent cette douleur constante, on peut réellement expérimenter leur souffrance. La ressentant aussi fortement que la nôtre, on cultive le souhait que tous les êtres sensibles soient libres de ces trois types de souffrance. *[Résumé d'une méditation tirée du livre Lo djong de Shamar Rinpoché]*

Si nous préférons le déni, comme faire l'autruche, il existe des méditations sur la stupidité.

La déception et la tristesse indiquent un manque de lumière intérieure dû à un obscurcissement, par exemple l'envahissement du sentiment de soi dans tout l'espace mental. Dans ce cas, toutes les méditations qui augmentent l'espace et la lumière de l'esprit sont utiles. Les méditations sur les douze liens interdépendants - qui commencent par l'ignorance fondamentale et finissent par la mort – sont également profitables puisqu'ils dissipent l'ignorance de base, la croyance en un moi substantiel. C'est cette croyance qui nous place toujours au centre des choses, pour le meilleur et pour le pire. Si l'on ne croit plus au « moi », il n'y aura plus de sujet pour être triste ou déçu.

Utiliser le discernement libérateur

Les traitements précédents permettent de réduire les afflictions que nous avons détectées suite à cette situation, mais pour s'en libérer définitivement, il faut s'engager dans des méditations libératrices. C'est en réalisant l'aspect illusoire de ces afflictions qu'elles ne viendront plus nous perturber.

Supposons qu'arrive la nouvelle d'une surveillance générale. Si nous voyons dans cette information une réalité, nous allons réagir par la colère par exemple. Or cette nouvelle elle-même (la surveillance générale) n'est qu'une expression, un ensemble de mots, un concept relié à une représentation mentale qui dans ce cas embrasse beaucoup d'émotions en rapport avec l'absence de liberté. Nous avons réagi aux mots, car les caméras ne sont pas encore installées. Dans l'instant présent, il n'y a pas de problème, sauf si nous nous projetons dans le futur.

En saisissant pour réelle la valise remplie d'émotions que l'expression « surveillance générale » emporte avec elle, nous allons réagir par la colère. Si nous voyons l'expression pour ce qu'elle est au niveau sensoriel, c'est-à-dire un ensemble de sons, nous ne serons plus enclins à réagir. Le problème avec cette méthode, c'est que le sens de l'expression nous échappe. Tout ce passe comme si on n'avait entendu qu'un bruit. Ce n'est donc pas une solution satisfaisante.

Une meilleure solution consisterait à considérer l'expression entendue comme un son neutre au niveau affectif, mais de conserver son sens et de pouvoir gérer la situation sainement. La différence est ici l'absence de saisie émotionnelle.

Les considérations précédentes donnent une idée de ce que réussit à produire la méditation sur la vacuité des phénomènes. Pendant la méditation, le phénomène est vu comme vide de réalité, et dans la vie quotidienne le phénomène retrouve son sens, mais en même temps il ne libère plus d'émotions (ici la colère). Tout se passe comme si on avait en même temps le point de vue relatif et le point de vue ultime, l'un permettant une compréhension dans le théâtre mondain, l'autre empêchant la réaction négative, car pour l'ultime le phénomène n'est qu'une illusion. Dans l'exemple de la « surveillance générale », si on est débarrassé des émotions perturbatrices, on sera à même de s'occuper sereinement du problème.

Lorsqu'on a réalisé la vacuité des phénomènes, on ne les saisit plus comme existants, et dès lors ils ne peuvent plus nous perturber. Comme cette réalisation prend du temps, il y aura toute une période où les réactions apparaîtront encore, mais avec de moins en moins d'intensité.

Des méditations ordinaires permettent également d'atténuer les réactions émotives, et ainsi de rester plus tranquille face aux situations adverses, mais elles sont insuffisantes pour éradiquer les afflictions, et ne peuvent aboutir à la sagesse, puisque le pratiquant demeure encore dans la dualité.

˳Bivouacs 7

Regarder la terre
Un plancher de terre
Cette solidité
Nous ancre et nous rassure...
D'où vient cette terre
Cette assurance
Cette consistance
Qui nous fait paraître
Indestructibles et immuables ?

D'où viendrait-elle
Pour être aussi solide ?
Ou bien ce vide
Que nous sommes
Est-il aussi ferme et rassurant
Qu'une terre d'en bas ?
Sommes-nous cela ?

Ce vide n'est pas vide...
En regardant en nous
Il est... depuis toujours
Nul ne peut le briser
Il est inébranlable ce vide
Que des vagues adventices
Appellent néant...

Ta foi est si solide
Il n'y a rien à voir
Avec des yeux errants...
Tu es si solide
En ayant vu le vide
La terre d'avant naître
Dans l'éternel présent...

La reconnaissance

Collection d'opinions que le lecteur remplacera avantageusement par les siennes

Ce chapitre examine le concept de reconnaissance dans diverses significations : se reconnaître dans la société, être reconnu, la reconnaissance intérieure. Il étudie les afflictions concernées par le besoin de reconnaissance, la signification de ce besoin.

Les sujets suivants sont abordés :
- La reconnaissance sociale
- Manque de reconnaissance et intériorité
- Autres observations liées à la reconnaissance
- L'illusion de la reconnaissance
- La reconnaissance intérieure

La reconnaissance sociale

Le besoin de reconnaissance sociale est très répandu, voire universel. Une personne seule peut avoir le sentiment de ne pas exister lorsqu'elle n'a aucune activité professionnelle, aucune relation proche et solide, aucun hobby, qui lui permettraient des rencontres même éphémères, etc.

Cette personne éprouve le besoin d'être en relation pour retrouver une raison d'exister ou pour mettre un peu de soleil et de baume dans sa vie. Ce besoin de relations humaines peut être assouvi par la présence de parents, d'amis, par l'aide d'associations, de communautés, d'organismes officiels, etc.

Sans aller jusqu'aux personnes atteintes d'extrême solitude, chacun ressent un besoin de reconnaissance, un besoin d'exister pour les autres, d'être utile, de s'intégrer à leur théâtre plutôt que de rester au pied de la scène en qualité de simple spectateur.

Le besoin de reconnaissance s'applique aussi aux orgueilleux qui essaient de se rendre indispensables aux autres, même si la simple reconnaissance est rapidement pervertie en manipulation.

Lorsque nous remarquons dans la foule une personne déjà rencontrée, ou bien amie, nous nous faisons mutuellement un signe de reconnaissance, et ce signe nous procure de la joie, un confort et une sécurité psychiques.

En résumé, le besoin de reconnaissance implique l'existence d'un manque qui demande à être comblé. Il est commun à tous les êtres humains, avec différents niveaux d'importance. Une personne s'estime parfois au-dessus de ce besoin jusqu'à la vieillesse où elle perd toutes les béquilles de reconnaissance qui la faisaient tenir jusque là.

Pour considérer ce besoin de reconnaissance pour ce qu'il est, et rendre nos relations plus saines, il faut l'observer dans notre intériorité. C'est là que se trouve le remède.

Manque de reconnaissance et intériorité

Parallèlement aux aides extérieures, nécessaires surtout

lorsque la blessure est grande, il est important que la personne concernée effectue un travail intérieur à la fois horizontal par la psychologie et vertical par un cheminement. Quel que soit le manque de reconnaissance extérieur, le mal-être est intérieur.

Si l'intérieur a besoin de l'extérieur pour calmer cette voix qui lui dit : « je ne suis rien sans les autres », il se crée un manque abyssal quand la relation sociale vient à manquer. Alors la paix intérieure s'effondre aussi. Ici, on n'essaie pas de voir si cette voix a raison ou si elle se trompe, on indique seulement qu'elle existe métaphoriquement.

Le théâtre mondain est fait de relations ; qu'elles soient karmiques ou accidentelles, elles sont nécessaires pour la subsistance, le savoir, la reproduction, le bonheur, etc. À présent, examinons l'hypothèse suivante : Si l'inassouvissement du besoin de reconnaissance rend une personne malheureuse, c'est que sa conception de la vie est erronée ou incomplète. Il faut donc qu'elle se serve de cette épreuve pour mieux se connaître elle-même. Pour l'aspect temporaire, elle peut avoir recours à la psychologie, mais si elle est en quête d'une connaissance plus vaste et plus profonde, il lui faudra faire appel à des méthodes verticales.

L'être est lié à la nature et aux autres êtres par le système sensoriel, mais il est aussi relié à l'ultime qui unit tous les êtres de l'univers. Les deux yeux du système sensoriel accèdent aux êtres dans un format compatible avec la nature, tandis que l'œil intérieur permet l'accès à l'union de tous les êtres sans l'intermédiaire de formes, en essence. Si un être se sent seul, c'est que son œil intérieur, trop obstrué pour accéder à l'ultime, l'oblige à chercher à l'extérieur ce qu'il a déjà en lui. S'il arrivait à éliminer les voiles qui lui cachent l'essentiel, son besoin de reconnaissance extérieure perdrait son aspect désespéré, anxieux, angoissant. L'impression de vide disparaîtrait. Ici se pose la question suivante : « Même si nous sommes reliés à l'ultime, la réalité est que nous sommes coupés de toute reconnaissance sociale. Ceci est un fait : Il suffit d'ouvrir la fenêtre pour vérifier ! C'est donc tricher de regarder en soi, c'est faire l'autruche ! » Cette opinion montre que l'on s'est complètement identifié au corps, aux phénomènes produits par le système sensoriel. Cette réalité sensorielle existe effectivement de la naissance à la mort, mais la réalité ultime existe depuis toujours.

Si donc le problème est résolu au cœur de l'être, le bonheur demeure, que l'on soit reconnu ou non socialement. En effet, un bonheur provenant d'une reconnaissance sociale est conditionné. Pour résoudre l'énigme du bonheur, d'absence de mal-être, l'idée est d'accéder à un bonheur inconditionné, ou plutôt à un état inconditionné qui accueille avec une égale joie les situations à la source du bonheur et du malheur. S'approcher d'un état inconditionné nécessite une pratique persévérante. Les choses s'amélioreront peu à peu dans cette vie, c'est-à-dire que le bonheur sera de moins en moins étroitement soumis à des conditions. S'il n'est pas possible d'y arriver dans cette existence mais que l'engagement est profond, le travail de déconditionnement pourra continuer dans les vies suivantes.

Autres observations liées à la reconnaissance

Un autre type de besoin de reconnaissance peut s'énoncer par l'affirmation : « Les autres ne peuvent se passer de moi. » Il y a dans cette opinion un mélange d'orgueil et d'attachement qui tourne à l'aveuglement. On rencontre des chefs qui dépérissent en l'absence de subalternes. Lorsque après avoir dirigé un certain nombre de salariés, ils sont à la retraite sans personne à qui donner des ordres, ils prennent conscience du besoin de reconnaissance qui se dissimulait sous leur morgue.

Certaines personnes affichent leur indifférence vis-à-vis du besoin de reconnaissance. Ce déni peut cacher de l'orgueil (on a besoin de personne), il peut s'agir aussi d'un réel détachement ou encore d'égoïsme.

Le besoin de reconnaissance pourrait être avantageusement remplacé par un enthousiasme à reconnaître qui consisterait à considérer inconditionnellement les autres comme des individus égaux devant la maladie et la mort, devant le cycle des renaissances. Cet enthousiasme dirige l'esprit vers le don à autrui, contrairement au besoin d'être reconnu tourné vers notre propre satisfaction.

L'illusion de la reconnaissance

Dans la personne en mal de reconnaissance, il y a l'idée qu'elle se trouve plus malheureuse depuis qu'elle a perdu tout lien social. Il peut être utile d'examiner ce qu'il en est du sentiment d'être reconnu, et le cas échéant d'en relativiser la réalité. Si le besoin de reconnaissance est vu comme quelque chose de moins solide, de moins réel, on éprouvera moins d'ardeur pour le satisfaire, ce ne sera plus qu'un paramètre parmi d'autres, car dans ce besoin de reconnaissance, il y a souvent une sorte de fascination, un aveuglement, comme si la seule façon de trouver le bonheur était dans cette reconnaissance, tout le reste n'étant que détails insignifiants. Notre volonté a perdu tout un panorama de possibles pour s'engouffrer dans l'étroit couloir du besoin de reconnaissance.

Il est certain que le besoin de reconnaissance existe chez tous dans le théâtre mondain. Il est lié au « moi » qui a besoin d'une nourriture pour satisfaire son illusion d'exister. Une personne tournée vers la sagesse ne s'évertue pas à entretenir cette illusion. Elle va plutôt chercher un moyen de transformer cette puissante énergie d'illusion en énergie positive, essentiellement en générosité. Et pour accompagner cette générosité, la méditation est très utile en apaisant le mental et en observant dans l'intériorité le caractère illusoire du besoin de reconnaissance.

La reconnaissance intérieure

Le besoin de reconnaissance est très lié au sentiment de solitude. Si ce besoin ne venait pas projeter son ombre dans les relations, celles-ci seraient plus saines, plus détachées.

Être reconnu, c'est vouloir exister pour les autres. N'est-il pas bizarre de désirer exister pour des individus la plupart du temps inconnus, ou dont on ne connaît que le nom, une apparence physique, ou quelques particularités ? Il est sûr que nous sommes tous reliés : notre corps est fabriqué à partir des mêmes éléments de la nature, nous avons certains goûts semblables, des liens culturels, des liens karmiques, des liens utilitaires, etc. Même si nous sommes seuls dans la vie, nous avons de nombreux liens. Et pourtant il y a un manque que nous croyons pouvoir combler par la reconnaissance. Il en est ainsi dans le théâtre mondain.

Nous allons prendre pour hypothèse que ce manque correspond à une carence intérieure, une carence de lumière. Essayons une métaphore : Nous sommes dans une pièce obscure, et nous nous sentons seuls ; peut-être avons nous peur pendant un petit moment avant de nous rassurer en pensant à la réalité de notre situation : en fait tout va bien, mais l'ampoule de la pièce est grillée. On quitte la pièce et on entre dans une autre qui est allumée. Et là, tout va mieux, il n'y a plus de manque.

Dans le cas d'un manque intérieur, la lumière de la conscience permet de se soigner sans faire appel à une reconnaissance extérieure. Cette lumière qui n'est bien sûr pas physique doit posséder certaines caractéristiques pour combler notre manque. Il lui faut une qualité de clarté, c'est-à-dire qu'elle doit être capable d'enlever l'impression d'être emprisonné dans un bocal obscur, et de nous placer dans un espace vaste et non obstrué, qui donne un sentiment de présence de tous les êtres. Il lui faut aussi une qualité de bonheur sans ombre qui vient de nulle part en particulier. On accède à cette lumière et à cette joie par des méditations profondes dans lesquelles au calme et à la paix s'ajoute une richesse éblouissante, la lucidité des cimes, un sentiment de complétude.

Action et réaction

Collection d'opinions que le lecteur remplacera avantageusement par les siennes

La différence entre l'action et la réaction mérite que l'on s'y penche, car les deux comportements agissent différemment sur le plan karmique et en conséquence sur la durée du chemin.

Les sujets suivants sont abordés :
- Définition de l'action et de la réaction
- Mécanisme de la réaction
- La réaction dans la conversation
- La réaction dans l'activité physique
- La réaction dans l'activité professionnelle
- La réaction dans l'activité intellectuelle
- Réaction et production interdépendante
- L'action,
- L'action positive et l'action nuisible
- Le non-saisir
- Les défauts de la réaction
- Transparent ou blindé

Définition de l'action et de la réaction

Dans ce chapitre, l'action et la réaction sont définies de la manière suivante :

Une acte, de manière générale, consiste à évoluer d'une

situation à une autre, le mot « situation » regroupant la disposition de l'environnement extérieur, physique, social ou autre.

Il y a action lorsqu'un acte est déclenché suite à un examen de l'état de la situation.

Il y a réaction lorsque que la situation affecte émotionnellement le sujet de sorte que l'action qu'il engage ne provient plus seulement de l'examen de la situation mais aussi de ses perturbations mentales. Tout se passe comme si le ressort principal du déclenchement de l'action n'était pas la situation elle-même mais une perturbation mentale de son auteur, capable de le rendre aveugle à la situation réelle.

Planter des tomates est une action, tandis que lancer une pierre sur un voisin qui nous injurie, est une réaction.

La réaction peut être spontanée, comme dans l'exemple précédent, ou différée quand son auteur attend le moment propice pour mettre en œuvre la riposte correspondant à son intérêt, même si ce moment survient des années plus tard. Dans le premier cas la réaction est purement émotionnelle, dans le second elle est calculée, la situation déclenchant une stratégie qui produira la réaction en différé. Elle peut également être mixte : émotionnelle et calculée. Dans les deux comportements, une empreinte karmique négative est déposée dans le continuum de conscience, et c'est ce dépôt nuisible pour le futur de son auteur qui différencie la réaction de l'action.

L'action, au contraire, dépose une moindre empreinte sinon aucune, et contamine moins le futur (voir plus loin § action positive et action nuisible).

Il faut préciser que la réaction calculée indique souvent un blindage de l'émotion, qui est une forme de stupidité. Toutefois, une absence d'émotion peut également provenir d'une purification du mental, et dans ce cas elle n'entraîne pas de riposte différée : il n'y a pas de réaction au sens karmique.

Il existe également des réactions positives déclenchées par des penchants vertueux comme la bienveillance, la compassion, le courage, l'altruisme, la générosité, l'honnêteté, etc. Elles déposent une empreinte karmique dans le continuum de conscience, mais cette fois-ci positive. Dans ce chapitre, on examine exclusivement les réactions affligeantes, celles qui constituent les obstacles principaux sur le chemin. Les réactions positives seront abandonnées plus tard, car si elles permettent un futur favorable, elles ont un effet karmique qui empêche la libération de l'existence cyclique.

Mécanisme de la réaction

La perception dualiste passe toujours par l'étape d'une division de l'esprit en un sujet et un objet. Le sujet peut être neutre, par exemple lorsqu'il fait une addition à la main, qu'il se concentre sur tout ce qui concourt à additionner : ce qui est écrit sur le papier, le calcul mental, etc. En cas de réaction, l'esprit se divise également en sujet et en objet, mais ce sujet est obscurci par une affliction, comme la colère.

Dans un esprit affligé, il se passe ceci :

- L'esprit se divise en un sujet (la conscience) et un objet.
- La perception de l'objet déclenche une affliction chez le sujet.
- Le sujet saisit cette affliction puis la fait sienne : il s'identifie à elle et devient alors cette affliction.
- Cette affliction va agir au lieu du sujet sain en une action perturbée qu'on appelle la réaction.

Maintenant le même mécanisme est décrit avec l'exemple d'un dénommé Martin qui réagit à la vue de son ennemi Dupont.
- L'esprit de Martin se divise en un sujet (conscience de Martin) et un objet (aspect physique de Dupont).
- À la vue de son ennemi Dupont, Martin ressent de la colère.
- La conscience de Martin saisit cette colère puis la fait sienne, il devient colère.
- Cette colère (conscience perturbée de Martin) va agir au lieu du sujet Martin (conscience saine de Martin). L'action perturbée qui en découle, par exemple une insulte, est ce qu'on appelle une réaction.

Dans cette opération, le « moi Martin » s'est changé en « moi colère » à son insu. Martin dira peut-être par la suite qu'il s'est emporté, ou qu'il était hors de lui (en dehors de son moi), et il continuera à croire en l'existence permanente et autonome d'un « moi Martin ».

Dans la suite du texte, l'explication est simplifiée. On se contente de dire que « le sujet saisit l'affliction au lieu de l'objet ». Il est sous-entendu qu'une fois l'affliction saisie, le sujet s'identifie à elle, et que c'est identifié à elle qu'il va saisir l'objet.

La réaction dans la conversation

De nos jours, une mode consiste à rebondir à la parole d'un autre au lieu d'y répondre comme on le faisait auparavant. Cette évolution du langage montre le passage du dialogue respectueux au tête-à-tête émotif et agressif.

Pour répondre, il faut comprendre la question, du moins dans ses grandes lignes, car le sens véritable n'est connu que du questionneur. Dans la réaction (le rebondissement), on se conduit souvent comme un ressort déclenché par un détail de la question, sans passer par la compréhension.

Rebondir n'est pas répondre à une question, mais se soumettre à l'émotion qui s'élève à l'écoute de son interlocuteur. On va donc proposer à l'autre sa propre version avec une énergie proportionnelle à l'affliction qui déclenche la réaction. Ce peut être de l'orgueil, quand l'interlocuteur donne un avis contraire à notre opinion, et que nous le croyons moins autorisé ou moins compétent que nous-même pour exprimer sa pensée. Ce peut être de la jalousie, de la colère, de la haine, ou par esprit de contradiction.

Dans ce cahier nous nous intéressons au problème qu'il y a de mettre en avant une affliction lors d'une conversation qui gagnerait justement à un repli de notre égocentrisme.

Lorsqu'une affliction est mise en jeu dans une conversation, il n'y a pas d'écoute. Plutôt que de répondre à la question posée, on se soumet à l'arrogance de notre propre émotion perturbatrice, le sujet traité n'étant qu'un prétexte pour déployer les tentacules de notre ego.

Un entraînement comme la méditation permet de calmer le jeu, en limitant au minimum notre propension à vouloir exister un peu plus que notre interlocuteur.

La réaction est le signe d'un mental obstrué par diverses afflictions non aplanies par la raison. Mais il existe aussi un autre genre de réaction qui apparaît chez l'individu calculateur totalement blindé par rapport aux affects. Chez lui, l'obscurcissement de la conscience est au moins aussi profond que chez l'émotif, et s'il existe bien une réaction, elle demeure invisible du fait de la complète immersion du calculateur dans une stratégie destinée à faire triompher ses propres opinions, arguments ou croyances. Cette réaction n'apparaît qu'après coup, lorsqu'on se souvient de la conversation et qu'on s'aperçoit que l'individu nous a menés en bateau depuis le début. Le calculateur blindé avance ses pions chaque fois qu'il a la parole, et quand c'est le tour de son interlocuteur, il cherche une place pour chaque mot entendu dans les filets de sa propre stratégie, en utilisant le plus possible les faiblesses de son vis-à-vis.

Si nous sommes sur le chemin, et que nous nous trouvons confrontés à un tel personnage, il nous faut redoubler de vigilance par rapport à nos propres perturbations mentales pour ne pas entrer dans son jeu, pour ne pas réagir et nous engager par distraction dans son théâtre malsain. Cette conversation n'est qu'un mirage, selon la vérité ultime qui englobe toutes les existences. Tout est impermanent. Pour préparer une éventuelle rencontre avec un calculateur, il est utile de demeurer dans la bienveillance en pratiquant pendant un moment des méditations comme la « prise et le don » qui consiste à absorber toutes les souffrances de notre futur interlocuteur et de lui offrir en échange notre bonheur, de pratiquer ainsi de manière désintéressée et non pour convaincre l'autre de nos propres conceptions. En résumé nous restons tranquilles tandis que le processus d'échange « prendre et donner » se déroule en nous.

> [… fumée noire] Je prends sur moi les calculs insalubres de mon interlocuteur,
> Et je lui offre le désintéressement, le bonheur et la paix que j'ai accumulés dans toutes mes existences. [lumière blanche…]

Cette pratique aura pour effet de réduire la montée de nos afflictions et d'offrir moins de prise à l'interlocuteur insalubre, ce qui est en même temps très positif pour lui d'un point de vue karmique.

La réaction dans l'activité physique

Certaines activités physiques sont accomplies en se dépassant. Il peut arriver que ce dépassement soit malsain, plus précisément quand le « moi » veut aller au-delà des capacités du corps par orgueil, jalousie, cupidité ou stupidité. Il s'agit là d'une réaction et non d'une action. Prenons l'exemple d'un sportif.

Quand un sportif désire repousser ses limites, c'est-à-dire améliorer ses performances actuelles, il peut le faire d'une manière saine ou malsaine.

Dans ce cahier, nous nous intéressons aux comportements susceptibles de renforcer les afflictions et le « moi ». Le discours médiatique d'un soi-disant dépassement met en relief un important défaut dans la façon de considérer la vie. Vouloir dépasser ses limites est parfois la preuve d'un orgueil dissimulé sous une apparence de courage. D'ailleurs il arrive qu'on entende les médias prononcer le mot orgueil comme s'il s'agissait d'une vertu : Par exemple tel sportif était en train de perdre, mais dans un sursaut d'orgueil il a remonté son score et a fini par l'emporter.

Il s'agit là d'un discours de journaliste, sans lien avec ce qui se passe réellement dans l'esprit du sportif qui peut se surpasser pour des raisons bien différentes de l'orgueil.

Supposons qu'il s'agisse vraiment d'orgueil. Dans ce cas, c'est la réaction du sportif par rapport à une perspective de défaite qui est mise en jeu. Il ne s'agit donc pas d'un action mais d'une réaction, c'est-à-dire de l'asservissement à une affliction, dans ce cas l'orgueil.

Or cette perturbation mentale et d'autres comme la cupidité, altèrent la salubrité du sport. Tout cela peut paraître amusant dans l'arène médiatique, mais peut entraîner des effets négatifs sur le sportif.

Il est évident qu'un sportif ayant éliminé toute trace d'orgueil, de jalousie et de cupidité a progressé vers la sagesse tandis qu'un autre, sans lucidité, est resté le simple pantin de ses illusions. L'activité sportive peut également aider à reconnaître que la compétition est une illusion dualiste, qu'elle crée une dépendance et empêche d'avoir un regard lucide sur le sens de la vie. Plus communément, le sport peut apaiser certaines afflictions comme la colère, et pratiqué sainement en équipe il réduit l'égocentrisme.

La réaction dans l'activité professionnelle

L'activité professionnelle présente un excellent terrain pour la réaction, parce qu'elle favorise la colère, la jalousie, l'orgueil, la cupidité, etc., afflictions qui existent déjà individuellement mais qu'amplifient certaines méthodes perverses de management. Ainsi, à l'action professionnelle neutre se superpose souvent une réaction propre aux relations humaines tronquées et distordues. Il est difficile de s'en tirer, de développer des actes qui engendrent un karma positif. Le trop plein d'occupation, l'entremêlement des problèmes, peuvent réduire la lucidité au profit de réactions quasi mécaniques.

Difficile de ne pas y perdre sa bienveillance. Si on se demande pourquoi tout cela, pourquoi toutes ces complications éreintantes, on trouve des arguments : mauvaise organisation, incompétence, chantage, intérêts, etc. mais la raison qui les comprend toutes, c'est notre immersion dans le théâtre mondain, dans le samsara, dans le karmique, où nous sommes jetés avec nos qualités et nos tares. La seule solution viable est de se libérer une fois pour toutes de ce théâtre, non pas en supprimant ce qui nous déplaît mais en détruisant notre croyance en l'ego, condition sans laquelle le théâtre mondain n'existerait pas.

La réaction dans l'activité intellectuelle

La réaction est aussi présente dans le domaine intellectuel. Il existe chez chacun une propension à se dépasser intellectuellement. La jalousie y joue un rôle important. Certains individus sont à la limite de leurs capacités, puis un jour tout craque, et on les retrouve dans un hôpital psychiatrique. Là aussi ils ont voulu dépasser leurs capacités, mais ici intellectuelles. Leur plus grand défaut est de vouloir devenir l'idéal qu'une affliction particulière leur a présenté.

Mais là aussi ce besoin de dépassement intellectuel peut être utilisé à des fins constructives, sur un chemin de sagesse. Il y est parfois utilisé une façon de penser très spéciale, qui peut paraître aberrante aux esprits conformistes. Par exemple, le tétralemme est une folie si on l'utilise dans la vie quotidienne, mais il ne l'est plus si on cherche une ouverture dans l'intériorité. Dans certaines pratiques, le fait de reconnaître qu'on ne peut rien savoir peut paraître absurde, et pourtant c'est un moyen utilisé pour faire capituler le mental et dépasser la dualité. Dans la méditation, on ne dépasse pas ses limites intellectuelles car on utilise d'autres facultés, le voyage intérieur s'effectuant hors des concepts, en direction de l'essence des choses.

Réaction et production interdépendante

Nuisible sur le plan karmique, la réaction est un obstacle à la sagesse. La loi de « coproduction interdépendante intérieure » qui régit la façon dont les causes s'unissent pour créer une empreinte karmique dans le continuum de conscience, possède huit ou douze liens. Parmi eux, puisque c'est de la réaction dont nous parlons ici, nous allons en considérer quatre : « le contact, la sensation, la soif et la saisie » qui deviennent dans ces circonstances : « le contact, la sensation, la répulsion et la réaction ».

Nous allons prendre l'exemple de la réaction d'un invité Isidore lors d'une réunion avec un conférencier Corentin.

Corentin dit : « À présent, nous allons parler des licenciements... ».

- Contact : Chez l'invité Isidore, le contact est la prise en compte du mot « licenciement » du discours de Corentin au moment où il parvient à ses oreilles. Grâce à son ouïe, Isidore a un contact avec le concept « licenciement ».

- Sensation : Isidore a une sensation désagréable en entendant ce mot qui lui rappelle des circonstances malheureuses.

- Répulsion : Isidore est très inquiet. Son refus s'élève dans sa conscience sous la forme d'une hostilité.

- Réaction : Isidore décide d'interrompre Corentin pour lui marquer son opposition. Cette réaction dépose une empreinte karmique dans le continuum de conscience de Isidore.

On remarque que le contact est nécessairement suivi de la

sensation, l'invité Isidore n'étant pas libre d'éviter une sensation désagréable au contact du mot « licenciement ». De même, la sensation est nécessairement suivie de la répulsion. Isidore n'est pas un être éveillé, et la sensation désagréable est automatiquement suivie du rejet, sans que sa volonté puisse s'y opposer. La saisie, ici la réaction, va également suivre l'aversion. À cet instant, l'invité avait la possibilité de lâcher prise, mais il a suivi le processus mondain de production interdépendante.

Cet exemple montre le schéma du piège dans lequel nous tombons continuellement pendant la vie, et qui produira une accumulation d'empreintes karmiques nous obligeant à renaître.

L'action

Contrairement à la réaction, l'action ne s'inscrit pas dans la chaîne de « coproduction interdépendante intérieure ».

Nous allons reprendre l'exemple de l'échange entre l'invité Isidore et le conférencier Corentin.

- Contact : Le contact est le mot « licenciement » prononcé par Corentin au moment où il parvient aux oreilles de Isidore.
- Sensation : Isidore a une sensation désagréable en entendant ce mot.
- Répulsion : Si Isidore a atteint une certaine réalisation, il n'est pas contrarié. Le processus de production interdépendante s'arrête là, et aucune empreinte n'est formée dans le continuum. Si Isidore a une réalisation moins aboutie, il est contrarié et se maintient dans une attente désagréable.

▪ Réaction : Grâce à sa vigilance, Isidore a vu la contrariété monter en lui. Entraîné à reconnaître naturellement la vacuité des phénomènes, il laisse l'intervenant continuer son discours. Aucune empreinte karmique n'est intégrée à son continuum de conscience.

Là encore, le contact est nécessairement suivi de la sensation, elle-même suivie ou non d'un sentiment d'aversion selon le degré de purification de la personne concernée. À partir de là, Isidore lâche prise automatiquement, sans participation de sa volonté. C'est à cause de son entraînement antérieur et de sa vigilance que le lâcher prise a pu s'effectuer, lui permettant de ne pas tomber dans le piège de la production conditionnée.

Ensuite, l'invité pourra agir en fonction de la situation plutôt que sous la dépendance de la contrariété. Il s'agira alors d'une action et non d'une réaction.

En résumé, la différence entre l'action et la réaction est dans la saisie ou non d'une affliction.

L'action positive et l'action nuisible

Sans être une réaction, c'est-à-dire en dehors de tout déclenchement par une émotion perturbatrice, une action peut être positive ou négative. Positive, elle l'est quand on l'accomplit avec de la bienveillance envers autrui et soi-même, et négative dans le cas contraire.

Une action négative peut être produite en réaction à un phénomène intérieur telle qu'une pensée, ou simplement dictée par une mauvaise habitude, en dehors de toute cause extérieure.

Cette action n'a pas l'apparence d'une réaction, vue de l'extérieur, mais elle en porte tous les désavantages.

Nous fonctionnons en tant que maillons dans une chaîne d'interdépendance. Conditionnés, nous agissons toujours sous la présence concomitante de certaines conditions. Ce type de réaction invisible peut être purifié par la méditation, laquelle permet également de réduire les réactions extérieures. Seuls les êtres éveillés agissent vraiment, mais comme ils sont dénués d'ego, leur action est une non-action, dans le sens qu'il n'y a aucun sujet agissant (aucun ego).

Le non-saisir

Il existe des actions qui ne font pas intervenir la loi karmique. Il en est ainsi dans le cas des êtres éveillés qui demeurent transparents par rapport au karma parce qu'ils ont totalement purifié leurs obscurcissements.

Ce mode d'action peut être approché petit à petit par les êtres ordinaires. On supprime d'abord les réactions, puis les actions négatives, et enfin les actions positives pour ne garder en définitive que le non-agir. Les réactions sont éliminées par la vigilance et le lâcher prise. Cette purification effectuée, les actions servent à gérer les situations, la situation elle-même déterminant l'action, tandis que les afflictions et la conscience de soi n'entrent plus en jeu.

Si par exemple nous ne trouvons plus la clef de la porte en voulant entrer dans notre domicile, nous ne plongeons pas dans l'agacement. Nous résolvons la situation en allant chercher une clef de secours chez la personne à laquelle nous en avons confié la garde, ou bien en appelant un serrurier, etc. Nous gérons la situation techniquement, sans nous considérer comme la victime de cette perte de clef.

Dans cet exemple notre action est neutre, comme cela se serait produit avec une intelligence artificielle. Mais contrairement à cette dernière, nous avons une conscience ou plutôt nous sommes une conscience. La clarté est toujours présente, la conscience de l'être. Les choses s'effectuent dans cette lumière, comme un processus naturel.

Les défauts de la réaction

La réaction est un défaut parce qu'elle amplifie les afflictions, qu'elle crée un mal-être chez soi, qu'elle est nuisible aux autres et qu'elle retarde la réalisation de la sagesse.

Une réponse motivée par une affliction peut intensifier le mal-être chez son auteur, car elle renforce l'affliction, augmente son pouvoir et son arrogance, et assoit peu à peu sa présence.

Elle peut être nuisible aux autres, car elle est une forme d'agressivité qui peut humilier, mettre dans l'embarras, provoquer la colère, etc.

Elle retarde la réalisation de la sagesse comme chaque fois que l'on tombe dans le piège de la saisie, laquelle fait partie de la production interdépendante intérieure, promesse d'une nouvelle naissance en mode conditionné.

Transparent ou blindé

La réaction mentale purement intérieure diffère de ce qu'on appelle réaction dans le théâtre extérieur. Dans la réaction mentale il y a une réponse émotive à un événement intérieur ou extérieur, c'est-à-dire que nos propres afflictions prennent les commandes. Dans le théâtre extérieur, par contre, dans la société, ce qui apparaît comme une réaction peut être une action effectuée avec le discernement nécessaire. Par exemple, une action en justice peut être menée par une personne suite à une escroquerie, sans volonté de vengeance. C'est au vu de la situation qu'elle s'est décidée à agir, et non par une réaction émotive.

La notion de transparence et de blindage se rapporte ici à la vie intérieure. Extérieurement il peut être difficile de les différencier, car des personnes peuvent répondre à des agressivités en restant calmes, mais ce calme peut être de différentes natures :

Le calme par blindage concerne l'individu entraîné à rester indifférent dans toutes les situations. Il les gère comme il manipule des objets, sans état d'âme, en conservant ses distances. Sa conscience est entièrement concentrée sur la tactique ou l'aspect technique de la situation, et les personnages impliqués sont vus comme des sources de profit ou de perte. On trouve de telles personnes par exemple dans les domaines politique, financier, militaire (espionnage), mafieux, etc. On dit qu'elles se sont endurcies. Le blindage, qui s'effectue par un obscurcissement de la conscience, est nuisible à un cheminant.

Le calme par transparence exprime le fait qu'une personne reste paisible parce qu'elle a réalisé la nature authentique des phénomènes. Dans ce cas, les autres sont vus dans toute l'épaisseur de la réalité, y compris leur absence de nature propre. Cette réalisation empêche toute remontée d'une affliction, donc toute réaction émotive. N'étant pas blindée, la personne peut s'ouvrir à toutes les propositions des autres sans heurts. Il y a chez elle un intense sentiment d'union avec tous les êtres.

Le blindage obscurcit la conscience, tandis que la transparence l'éclaire. C'est à cette dernière que l'on s'entraîne sur un chemin de sagesse.

Il existe une autre forme de calme, le calme par torpeur, hébétude, endormissement. La conscience est obscurcie par manque de lumière et n'est plus à même de penser véritablement. Cette forme peut être accidentelle, en cas de fatigue par exemple. Il arrive aussi qu'elle soit constante, par une sorte de maladie.

Dans la conscience blindée, il y a bien de la lumière, mais celle-ci emprunte des canaux spécifiques, souvent grâce à un apprentissage. Quelques rues fonctionnelles sont excessivement éclairées, mais la plus grande partie de la ville, ses ruelles, ses jardins et la campagne fleurie restent dans l'ombre.

Dans le domaine médical, le blindage se crée souvent naturellement suite à la difficulté de rester serein en face de situations de souffrance extrême. Il remplace la transparence, laquelle demande un long entraînement de purification.

Hormis l'attitude de blindage ou de transparence, il y a la bienveillance et l'acceptation de la souffrance, voire la transformation de la souffrance en joie qui sont des solutions positives chez les cheminants.

La transparence n'est pas l'indifférence, elle s'accompagne de joie. La bienveillance y est aussi présente parce que l'individu véritablement transparent est lui-même bienveillance.

Bivouacs 8

Le paysage était bien là
Je ne savais le décrire
Ceux qui me l'avaient appris
Avaient disparu
Au-delà de l'horizon
Et tout était là sans un mot
Une lumière posée
Dans un antre vide
Aussi grand que le ciel
Aussi grand que la terre
Tout cela aussi s'efface

Le paysage était bien là
Pourquoi un paysage ?
C'était là, sans ressemblance...
Sentiment de vastitude
Et de pleine profondeur
Qui éclaire quand rien ne se voit...

Un regard tranquille
Sans traces ni contraintes
Une goutte, une sphère...
Étrange et familier
Toujours nouveau
Un simple instant…

Regarde dans cet instant
Comme s'il contenait tout
Cet instant est en toi
Regarde le profondément
Médite posément
Comme une feuille de neige
Montant l'arbre des cimes
Par le vent ascendant
De la liberté qui discerne...
Et tu découvriras enfoui dans le ciel
Le secret des apparences...

Lexique

Ce chapitre présente par ordre alphabétique les définitions de quelques éléments de vocabulaire, avec la signification qui leur est attribuée dans ce cahier, éventuellement différente des définitions académiques.

Chemin, Cheminant, Cheminement

Le mot cheminement désigne ici le cheminement vers un bien-être durable ou la sagesse transcendante. Dans ce cahier, les voies de sagesse sont représentées par le chemin bouddhique. Le cheminant est celui qui suit un cheminement.

Conditionnements

Conditionnements qui empêchent de se libérer du cycle des existences. Conditionnements karmiques. Le mode d'existence conditionné est le mode d'existence dualiste soumis aux perturbations génératrices de souffrance. Les notions d'ego, de moi, de soi, de tendances, d'afflictions, de souffrances, de mal-être, de karma lui sont liées.

Esprit

L'esprit est défini comme « ce qui expérimente ». Le mot est la plupart du temps remplaçable par le terme de conscience, dont il regroupe les aspects et les niveaux. L'esprit est présent dans le seul mode dualiste d'existence. Libéré des voiles grossiers et subtils, il se transforme en sagesse. L'esprit a un sens beaucoup plus vaste que le sens qu'on lui attribue dans la vie courante et en psychologie, il n'est pas synonyme de cerveau dont le rôle se réduit au support d'un aspect particulier de l'esprit.

Expériences métaphoriques

Une expérience métaphorique est une expérience dont la signification n'est pas directe mais imagée. C'est par transposition que l'on découvre la signification réelle. Ce procédé est utilisé pour décrire un phénomène de l'intériorité, non directement accessible.

Illusion dualiste

Dans ce cahier, l'illusion dualiste est définie comme une

perception considérée comme vraie dans le domaine dualiste et mondain, mais qui s'effondre dans une analyse méditative plus subtile. Il s'agit donc de la croyance selon laquelle les objets de perception correspondent à une réalité substantielle et autonome. Un phénomène peut sembler autonome, tandis qu'une étude minutieuse montre qu'il n'existe qu'en dépendance d'autres phénomènes.

L'illusion dualiste est donc synonyme de cette vérité ordinaire qui va de la perception spontanée des personnes de bon sens à l'expérimentation sophistiquée de la science mondaine. Ce concept qui permet de mettre l'accent sur le manque de profondeur de la vérité ordinaire, n'est utile qu'aux personnes qui souhaitent une transformation intérieure. Néanmoins il peut être profitable aux candidats au bien-être temporaire en leur donnant plus de recul et de « légèreté » dans la vie quotidienne.

Le mot « illusion » choisi dans ce cahier parce qu'il renferme l'idée de perception erronée, ne correspond pas à sa définition habituelle parce qu'ici elle n'est valable que par rapport à la réalité ultime, laquelle est ce que nous sommes vraiment, au-delà d'une simple incarnation. On peut utiliser la métaphore du rêve, dans le fait qu'il semble une illusion au réveil. À l'étage ultime, l'existence ordinaire dite réelle n'est plus qu'un rêve : l'illusion dualiste. On peut encore considérer que le rêve n'est qu'une illusion dans l'état de veille, et que la veille elle-même n'est qu'une illusion dans l'état d'éveil (au sens d'être éveillé).

La notion d'« illusion dualiste » est un moyen habile

permettant de détourner l'esprit des agréables certitudes qui le maintiennent dans le cycle des existences.

Karma

Ce terme a été expliqué dans le cahier n°1.

Le karma est la loi selon laquelle tout acte a un effet, et toute situation une cause. Le mot lui-même signifie action. Tout acte dépend de causes et de conditions. Il n'y a pas de situation ou d'événement qui ne survienne sans cause ni conditions.

On utilise le même terme « karma » avec différentes significations complémentaires. Il peut signifier « loi de causalité » à condition de ne pas voir dans la causalité une production matérielle, mais l'idée : « ceci étant, cela se fait ». Il peut se référer à la résultante des actes passés comme dans l'expression humoristique : « avoir un mauvais karma » ou bien se rapporter aux actes actuels en tant que causes du futur comme dans l'expression « améliorer son karma ».

Nous dépendons donc de notre karma passé, c'est-à-dire des actes accomplis jusqu'à cet instant ; et par nos actes actuels, nous préparons les conditions de notre futur.

Méditation

Le terme méditation a ici le sens large d'un entraînement qui s'effectue dans l'intériorité, le plus possible hors de l'ego. L'attention habituellement dirigée vers l'extérieur se tourne vers l'intérieur. On peut méditer sur tous les phénomènes intérieurs ou extérieurs, sur l'esprit et même sur rien. Lorsqu'on observe l'intérieur en l'interrogeant au moyen de concepts on parle de méditation analytique, et quand l'observation s'effectue sans le support de concepts, il s'agit de méditation directe.

Certaines méditations dites libératrices permettent une libération définitive de la souffrance en éliminant totalement les voiles émotionnels et cognitifs (Cf. voiles). Elles nécessitent de s'établir dans la nature véritable de l'esprit.

Méthodes verticales et horizontales

Les méthodes horizontales gèrent les difficultés en regardant leurs antécédents temporels. Elles sont utilisées en psychologie. Leur avantage est la relative rapidité des résultats. Par contre les causes profondes n'étant pas supprimées, les difficultés peuvent réapparaître ou subir une « mutation ».

Les méthodes verticales gèrent les difficultés en remontant jusqu'à leur essence. Elles sont utilisées dans les chemins de sagesse. Leur avantage est l'éradication réelle de la souffrance liée à la difficulté, sans risque de retour ni de mutation. Leur inconvénient est la lenteur des résultats.

Mode croyance et mode discernement

Lorsqu'on est fatigué ou paresseux, notre esprit se contente du « mode croyance », dans lequel la réaction à une information est soit : « J'y crois », ou « Je n'y crois pas », ou encore « Je ne sais quoi en penser ». Soit nous croyons à l'information elle-même parce qu'elle entre dans nos habitudes de penser, ou parce que nous avons confiance en son auteur.

Très différent, le « mode discernement » limite la dépendance aux influences externes et internes. Il consiste à observer les faits réels en rapport avec l'information, et à y réfléchir dans un état mental paisible, à l'abri des afflictions, avec un esprit vaste et bienveillant.

Moi, ego, soi

Dans ce cahier, le « moi » représente la conscience de soi, la conscience d'être un sujet. Le problème posé par ce « moi » est la croyance qu'il est une réalité permanente et autonome, qu'il est le même pendant toute la vie, qu'il représente l'identité de l'individu.

En plus de ce « moi » général, est introduit ici un « moi » partiel qui n'est valide que dans un domaine particulier de l'existence. Dans cette acception, on peut parler de « moi » professionnel, familial, sentimental, amical, etc. où telle affliction est mise en valeur et telle autre en veilleuse. Par exemple une personne peut être affublée d'orgueil dans sa vie professionnelle et être à l'écoute dans sa vie familiale. On dit alors qu' « il n'est pas le même » chez lui et au travail.

Le moi « professionnel » par exemple est un « moi » partiel comprenant son théâtre, c'est-à-dire une mise en scène particulière avec des personnages (y compris soi-même) au rôle spécifique, et un assortiment d'afflictions mises en valeur par l'environnement professionnel, comme la rivalité, l'orgueil, la jalousie...

Le sens général et le sens partiel sont monnaie courante pour l'esprit dualiste.

Mondain

Mondain est ici synonyme de « samsarique », c'est-à-dire « propre au samsara : douloureux, karmique et conceptuel », le samsara étant le cycle récurrent de la naissance, de la maladie, du vieillissement et de la mort. Les caractéristiques de l'état mondain sont la souffrance, l'impermanence, le conditionnement et l'aliénation continuelle par les pensées et les émotions. « Mondain » n'a donc pas ici le sens donné dans l'expression « vie mondaine » ou mondanité. L'opposé de mondain serait « libéré de la souffrance, du karma et des élaborations conceptuelles ». Les termes « désillusionné » ou bien « éveillé » pourrait convenir.

Vue mondaine : vue de l'esprit dualiste, la vue des humains aussi longtemps qu'ils n'ont pas réalisé l'éveil.

Théâtre mondain : expérience de l'esprit dualiste, vie ordinaire en mode dualiste. Il concerne la société mais aussi la vie intérieure dualiste, et insiste sur l'aspect karmique, illusionné et conventionnel de la vie. Le mot théâtre rappelle que la naissance sur terre est comme la montée sur la scène d'un théâtre pour y jouer son rôle jusqu'à la mort. Ce qui rappelle que l'existence est une sorte de comédie qui ne représente qu'un moment de nous-même sans plus d'importance que les autres. Lorsqu'on perd notre identification à un personnage de ce théâtre, on le voit comme une illusion.

Sagesse

On confond souvent la sagesse mondaine, qui représente la jouissance de qualités communément jugées positives à une époque donnée dans le théâtre mondain, et la sagesse transcendante qui résulte de la transformation de l'esprit après libération des voiles. La sagesse mondaine peut alléger le karma si elle dépasse la simple posture, tandis que la sagesse transcendante est libérée de son emprise. Dans ce cahier, le mot « sagesse » se réfère toujours à la « sagesse transcendante ». La locution « connaissance transcendante » est utilisée dans un sens identique.

La sagesse n'étant pas fabriquée, elle n'appartient ni à la nature ni à la culture. Le chemin qui y conduit consiste à se libérer de toutes les élaborations pour retrouver sa nature véritable.

La sagesse est totale au moment de l'éveil. Il est possible de se mettre dans des conditions favorables à la réalisation de l'éveil, sachant qu'il ne peut être le résultat de conditions puisqu'il est en dehors de tout conditionnement.

Science de l'esprit

La « science de l'esprit » est l'ensemble des moyens mis en œuvre pour transformer l'esprit en sagesse transcendante. Il ne s'agit pas ici de l'esprit au sens psychologique, mais d'un phénomène beaucoup plus vaste qui contient tous les univers.

Dans cette science, il n'existe pas de « théorie » à la manière de la science mondaine, car on ne peut rien mesurer, ni mathématiser, ni observer par l'esprit sensoriel. On utilise parfois le mot « philosophie », bien que cette appellation soit restrictive et génératrice de confusions. Dans le cadre d'un chemin de sagesse, il existe bien une sorte de philosophie, mais elle s'adresse à l'intellect de pratiquants dans le seul but d'amorcer un travail intérieur non-conceptuel plus profond.

Sciences mondaines

Ce qui est communément appelé « science » prend ici le nom de « science mondaine » pour la différencier de la science de l'esprit tournée vers l'éveil.

Les sciences mondaines sont un habile échantillonnage d'expériences, augmenté d'un ensemble de théories qui varient au cours du temps, se déprécient, se complètent ou se précisent suivant les besoins, les trouvailles des chercheurs, l'état d'esprit du moment, les avancées technologiques de l'appareillage, etc. Pour certains adeptes, la science mondaine a pour but de concevoir une théorie qui permettra un jour de comprendre totalement le monde en une seule formule. Selon eux, il y aurait de moins en moins de points obscurs jusqu'à leur extinction totale.

Dans la science, la théorie devient une espèce de scénario conceptuel mis en parallèle avec les expérimentations. Sommairement, il y aurait le monde des mesures (expérimentales), le monde de la formulation mathématique, le monde de la théorie, en plus du monde de la perception nue (ce que voit l'être humain sans l'aide de la technologie). Tous ces mondes donneraient des aperçus d'une réalité qui, si elle existe, a une fâcheuse tendance à échapper aux tentatives de capture.

Contrairement à la science de l'esprit, la science mondaine étudie l'extérieur (espace, corps, matière, ondes…) à grand renfort de conceptualisation. Cette attitude permet de connaître les coulisses de la manifestation et de la vie sans en discerner l'essence. Elle ne peut atteindre l'universel et n'a aucun effet libérateur. Ce n'est d'ailleurs pas son but.

Une autre différence avec la science de l'esprit, concerne son aspect utilitaire, sa familiarité avec la technique et sa faculté d'accumulation de savoir conceptuel.

Solidification, Consolidation

Lorsqu'une pensée est répétée, elle se consolide c'est-à-dire qu'elle se renforce et qu'il faut de plus en plus d'énergie pour se libérer de son emprise. Cette propriété, très positive dans l'apprentissage, peut également être nuisible. La répétition d'une pensée de colère par exemple, rendra la colère de plus en plus difficile à maîtriser. La publicité répétitive utilise la même propriété de solidification pour influencer le choix des individus dans l'achat de produits.

La solidification d'une pensée erronée constitue une grande difficulté sur un chemin de sagesse. L'éducation est donc importante et ne devrait pas être exclusivement mondaine mais laisser une lucarne ouverte sur la verticalité.

A chaque pensée correspond un penseur (une conscience). Lors de la solidification, tout ce passe comme si l'espace mental se rétrécissait, que l'esprit devenait moins capable d'adaptation. Une intellectualité excessive sclérose l'esprit lorsqu'il n'y a pas assez de recul par rapport aux concepts.

Croyance solidifiée : dans ce cahier se dit d'une croyance répétée dont on a perdu conscience. Le terme est synonyme d'habitude, mais insiste sur le fait que cette habitude est basée sur une croyance et non sur une réalité.

Sphère sensorielle (et motrice)

La sphère sensorielle réalise l'interface avec l'extérieur. Elle comprend le système sensoriel (les cinq sens) et les organes d'action, c'est-à-dire tout ce qui permet le mouvement dans le monde extérieur. On peut y ajouter la conceptualisation de base associée.

Tétralemme

Dans la logique ordinaire, lorsqu'une proposition est vraie, la proposition contraire est fausse. Dans le tétralemme, quatre propositions sont possibles qui sont toutes vraies.

Ce cahier utilise le tétralemme pour parvenir à la conviction qu'on ne peut rien dire sur une proposition. Bien qu'il ne soit pas libérateur à lui seul du mal-être, il peut produire une expérience mentale qui prépare aux méditations libératrices. On peut considérer qu'il commence à délier les nœuds qui font obstacle à la vision directe de la nature des choses. Certaines personnes, trop inféodées aux concepts, ont besoin de cette étape avant de passer aux méditations directes.

Dans la logique ordinaire, il n'y a que deux propositions, par exemple : « le moi existe » et « le moi n'existe pas ». L'une est vraie et l'autre fausse.

Dans la technique du tétralemme, il y a quatre propositions qui doivent être acceptées par l'intuition :

(1) le moi existe,
(2) le moi n'existe pas,
(3) le moi existe et n'existe pas,
(4) ni le moi existe ni il n'existe pas.

On examine chaque proposition une par une en utilisant l'intuition, jusqu'à la conviction que chacune d'elle est vraie. À l'issue du tétralemme, il faut être sûr que les quatre propositions sont vraies toutes ensemble.

On pourrait croire qu'il suffit de penser qu'une proposition est vraie dans certaines circonstances tandis que son contraire convient dans d'autres. On pourrait par exemple considérer que le « moi » existe dans le quotidien, mais qu'il n'existe pas à l'issue d'une analyse profonde et encore moins dans l'observation directe méditative. Cette façon de procéder n'éliminerait pas les afflictions ni le mal-être résultant de la croyance au « moi ».

Par contre, le tétralemme réduit cette croyance, car la notion même de « moi » y perdant toute pertinence, on sera moins poussé par la réaction « moi je », ou bien celle-ci sera moins arrogante. On supposera bien le « moi » comme existant dans la vie quotidienne, mais tout se passera comme s'il y avait en toile de fond la connaissance que ce moi n'existe pas, ce qui atténuera les effets dus à la croyance au moi. On peut illustrer cette idée de simultanéité d'une opinion et de son contraire en se souvenant de notre attitude devant un film : si on y voit commettre un meurtre, on sera moins horrifié que dans la vraie vie, puisqu'en toile de fond, on sait que le meurtre est faux. Cette illustration doit être prise pour ce qu'elle est et non comme explication du tétralemme lui-même.

Transcendance

Dans ce cahier, la transcendance indique ce qui est au-delà des dualités sujet-objet, intérieur-extérieur, un-multiple, etc. Elle est par conséquent au-delà de l'ego, des pensées, des concepts, des émotions perturbatrices, du karma, des voiles émotionnels et cognitifs. Il n'y a donc aucune raison de la considérer comme quelque chose de bizarre, de hors d'atteinte, de farfelu, etc.

Vérité et vérité de chemin

On appelle « vérité » une vue qui permet de réaliser l'éveil. Il s'agit d'un concept pratique et non idéologique. On pourra par exemple dire à certaines personnes que la matière n'existe pas et à d'autres qu'elle existe, en choisissant l'information la plus adaptée à leur capacité de compréhension.

Une « vérité de chemin » est un ensemble des concepts qui permettent d'aider au cheminement vers la sagesse. Elle est temporaire, propre à chaque chemin, et abandonnée une fois la sagesse atteinte. On peut comparer la vérité de chemin à une carte : celle-ci rend service aussi longtemps que l'on est pas arrivé à destination, mais ensuite elle devient inutile.

Voiles

Dans le bouddhisme, le voile émotionnel est lié à une saisie erronée de la personne, qui consiste à admettre la réalité du « soi ». Il comprend également toutes les passions nées de cette illusion, c'est-à-dire ce qui fait souffrir. Le voile cognitif est lié à une saisie erronée des phénomènes, qui consiste à admettre leur réalité. Il est constitué de pensées et d'émotions qui ne sont pas conscientes de leur véritable nature de vacuité. Le voile cognitif subtil, constitué des tendances habituelles, est lié aux empreintes karmiques du continuum de conscience. Il existe également le voile du karma, créé par les cinq crimes à rétribution immédiate.

Sources

Hommage et remerciements à tous les auteurs qui m'ont permis d'écrire ce cahier, à ceux dont le nom figure dans la biographie ci-dessous et en particulier à Mipham Chökyi Lodrö.

Akong Toulkou Ripoché : *L'art de dresser le tigre intérieur*
Chögyam Trungpa : *L'entraînement de l'esprit, Bardo*
Dakpo Tashi Namgyal : *Rayons de lune*
Gampopa Seunam Rinchen : *Le précieux ornement de la libération*
Jamgon Kongtrul : *La nature de Bouddha*
Jigmé Rinpoché : *La nature de Bouddha, Un chemin de sagesse.*
Kalou Rinpoché : *Bouddhisme profond*

Kunzang Palden : *Perles d'ambroisie*

Lama Darjeeling Rinpoché : *Changer d'univers*

Milarépa : *La vie - les cent mille chants - Marie-José Lamotte*

Nagarjuna : *Traité du milieu, Lettre à un ami* (commentaires de Kangyour Rinpoché)

Patrul Rinpoché : *Le chemin de la grande perfection*

Philippe Cornu : *Dictionnaire encyclopédique du bouddhisme*

Shamar Rinpoché (Mipham Chökyi Lodrö) : *Au cœur de la méditation bouddhique, Au cœur de la sagesse, La reine de prières, Les deux visages de l'esprit, Lo Djong la voie vers l'éveil, Un chemin de pratique, Donner vie à l'entraînement de l'esprit.*

Soûtras :
- *Soûtra du cœur de la connaissance transcendante, Soûtra de la connaissance transcendante, Soûtra du riz en herbe*, etc.
- *Soûtra du dévoilement du sens profond* (Traduction Philippe Cornu),
- *Soûtra du diamant, Soûtra du cœur de la connaissance, Soûtra de la Pousse de riz* (Traduction du tibétain par Philippe Cornu)]
- *Soûtra du filet de Brahmâ* (Traduction Patrick Carré), *Trois soûtras et un traité sur le Terre Pure* (Traduction Jean Eracle)

Tènzin Wangyal Rinpoché : *L'éveil de l'esprit lumineux, L'éveil du corps sacré, La véritable source de la guérison.*

Tsélé Natsok Tangdröl : *Le miroir qui rappelle et clarifie le sens général des bardos*

Du même auteur

Interrogations suspendues, cahier n°1 :
Enjamber la philosophie, Épouser la sagesse.

*
* *

Aux lecteurs

J'espère que la lecture de ce cahier fut pour vous un exercice bénéfique, et que désormais vous penserez à la sagesse à chaque expiration, y compris la dernière.

Pour me contacter, il suffit d'écrire un courriel à l'adresse :
« syenten@mail.fr »
ou d'aller sur le blog :
« https://syenten.com/ ».